社会面のコグトレ

認知ソーシャル トレーニング ②

コピーして
使える
ワークシート

対人マナートレーニング
段階式問題解決トレーニング 編

編著 立命館大学　**宮口幸治**
著　広島大学大学院　**石附智奈美**
　　小学校指導教諭　**井阪幸恵**

三輪書店

はじめに

◆認知ソーシャルトレーニングとは？

「認知ソーシャルトレーニング」とは、コグトレに含まれるトレーニングの一部です。「コグトレ」とは、「認知○○トレーニング（Cognitive ○○ Training)」の略称で、○○には以下の 3 つが入ります。

「ソーシャル（→社会面）Cognitive Social Training：COGST」

「機能強化（→学習面）Cognitive Enhancement Training：COGET」

「作業（→身体面）Cognitive Occupational Training：COGOT」

コグトレは子どもたちが学校や社会で困らないために、3 方面（社会面、学習面、身体面）から支援するための包括的プログラムです。

コグトレシリーズは三輪書店からこれまで、以下のものが刊行されています。

・学習面の支援（COGET）

『コグトレ―みる・きく・想像するための認知機能強化トレーニング』

『やさしいコグトレ―認知機能強化トレーニング』

『もっとやさしいコグトレ―思考力や社会性の基礎を養う認知機能強化トレーニング』

・身体面の支援（COGOT）

『不器用な子どもたちへの認知作業トレーニング』

一方、社会面の支援としては、コグトレの 3 方面の支援がコンパクトに収録された『1 日 5 分！ 教室で使えるコグトレ 困っている子どもを支援する認知トレーニング 122』(東洋館出版社）に含まれる社会面のトレーニングでハイライト版を紹介させていただいておりました。

しかし、やはり完全版となる社会面の支援、「認知ソーシャルトレーニング（COGST)」を一刻も早く現場で使いたいという声を多数いただき、このたび本書の刊行となりました。

◆本書の構成は？

COGST は以下の 4 つのトレーニングから構成されます。
- ・段階式感情トレーニング
- ・危険予知トレーニング
- ・対人マナートレーニング
- ・段階式問題解決トレーニング

本書は上記のうち「対人マナートレーニング」と「段階式問題解決トレーニング」の 2 つが収録されています。

◆本書の使い方

対象者は支援者の指示のもと、ワークシートを用いながらトレーニングしていきます。主な対象は小・中学生ですが、知的なハンディをもった成人の方でも十分に使用できる内容となっています。使用にあたっては本書のワークシートをコピーしてお使いください。

なお、社会面の向上には、その土台となる、見たり、聞いたり、想像したりする認知機能の基礎力が必要です。もしお子さんの、そういった認知機能の力に不安があると思われるのであれば、本書の前に、もしくは並行して『コグトレ―みる・きく・想像するための認知機能強化トレーニング』、または『やさしいコグトレ―認知機能強化トレーニング』(いずれも宮口幸治著、三輪書店) などを使われ、認知機能を強化しておかれることをお勧めします。

子どもたちの社会面の向上において本書が少しでもお役に立てれば幸いです。

著者を代表して

児童精神科医・医学博士　宮口幸治

目次

第1章

認知ソーシャルトレーニング（COGST）とは

1 困っている子どもの さまざまな行動

　学校教育現場などで支援者が頭を抱える子どもの行動はさまざまです。現在、われわれが幼稚園から小学校・中学校での学校コンサルテーションや教育相談、発達相談などを行っている中で問題として挙がる子どものケースは、発達や学習の遅れ、発達障害、粗暴行為、自傷行為、イジメ被害、不登校、非行などがあります。そこに親の不適切養育などの家庭の課題が入り交じり、複雑な様相を呈しています。たとえば、次のような子どもの特徴は相談ケースとしてよくみられます。

- ・感情コントロールが苦手
- ・すぐにキレる
- ・人とのコミュニケーションがうまくいかない
- ・集団行動ができない
- ・その場に応じた行動ができない
- ・自信がない
- ・忘れ物が多い
- ・授業に集中できない
- ・先生や親の注意を聞けない
- ・漢字はできるが文章題が苦手
- ・授業中に立ち歩く
- ・じっと座っていられない
- ・身体の使い方が不器用

　先生や親はもちろん、子どもにとっても、どれも大変な問題ですが、なかには、こうした困難さを一人でいくつも抱えている子どももいます。それでは、こうした特徴のある子どもにはどのように対応すればよいのでしょうか？　問題解決の手がかりとなる共通の背景はないのでしょうか？

2 困っている子どもの特徴〈5点セット＋1〉

　質や程度の差はあれ、前ページに挙げた特徴は困っている子どもたちの共通した課題だと考えられます。そしてこれらには、いくつかに分類できる類似点があります。これまでにわれわれが出会ってきた子どもたちのケースから"困っている子ども"の特徴の背景にあるものを考察して6つに分類し、"困っている子どもの特徴〈5点セット＋1〉"として以下のようにまとめました（**図1**）。保護者の養育上の問題は別として、これらを組み合わせれば、"困っている子ども"の特徴がすべてどこかに当てはまるはずです。

図1　困っている子どもの特徴〈5点セット＋1〉

◉困っている子どもの特徴〈5点セット＋1〉

①認知機能の弱さ：見たり聞いたり想像したりする力が弱く、教育や指導を受ける土台が弱い

②感情統制の弱さ：感情をコントロールするのが苦手。すぐにキレる

③融通の利かなさ：何でも思いつきでやってしまう。予想外のことに弱い

④不適切な自己評価：自分の問題点がわからない。自信がありすぎる、なさすぎる

⑤対人スキルの乏しさ：人とのコミュニケーションが苦手

＋1　身体的不器用さ：力加減ができない、身体の使い方が不器用

なお身体的不器用さにつきましては、小さいころからスポーツなどを経験することで身体機能が優れ、身体的不器用さが当てはまらないケースもあるため、あえて「＋1」としています。

"困っている子ども"の問題を解決するには、やみくもに支援を続けても、なかなか効果は上がりません。認知機能が弱いのか、対人スキルが乏しいのか、それぞれに必要な能力は異なるからです。また、先にも申しましたように、複数の問題を抱えている子どももいます。目の前の子どもの困難さは、上記〈5点セット＋1〉のどれに該当するのかを踏まえたうえで、そのターゲットに合わせた支援やトレーニングを行うことが重要です。

では次のページから具体的な支援についてみていきましょう。

③ 3 方面からの子どもの具体的支援

　現在の学校教育は国語や算数といった教科教育が主ですが、勉強だけできても対人関係などの社会面の力に問題があれば、さまざまな生きにくさや非行などにもつながったりします。勉強ができても、"これをやればどうなるか？"といったことが予想できない子どもたちがいます。計画を立て実行して、間違いがあればフィードバックして修正するといった実行機能が低ければ、容易に間違った選択をします。また感情コントロールが不十分であれば正常な判断ができなくなります。われわれでもカッとなったら判断を誤ったりします。勉強だけでなく、問題解決能力や感情コントロールといった「社会面の力」がとても大切なのです。

　ただやはり、勉強はできるに越したことはありません。学習面での挫折が問題行動などにつながるケースもあります。勉強ができるようになるには、学習の土台となる見る力、聞く力、想像する力をしっかりつけていく必要があります。黒板の文字を見たり、先生の話を聞いたりする力が弱い子どもは学習面でも不利になる可能性があるのです。さらに、身体面への支援も欠かせません。身体的不器用さは、物にぶつかったり、手先が不器用だったり、体育が苦手だったりすることにつながります。また身体的不器用さを周囲に知られ自信をなくすことでイジメのきっかけになる場合もあるからです。したがって、「社会面」、「学習面」、「身体面」の3つの方面からの子どもの理解と支援が必要と考えます。

　そこで、先に述べた"困っている子どもの特徴〈5点セット＋1〉"に対応させた3方面からの支援のために開発されたのが、"コグトレ"なのです。

　"コグトレ"とは、「認知○○トレーニング（Cognitive ○○ Training)」の略称で、○○には「ソーシャル（Social)」、「機能強化（Enhancement)」、「作業（Occupational)」が入ります。

・認知ソーシャルトレーニング（Cognitive Social Training: COGST）
　　→社会面
・認知機能強化トレーニング（Cognitive Enhancement Training: COGET)[1]
　　→学習面
・認知作業トレーニング（Cognitive Occupational Training: COGOT)[2]
　　→身体面

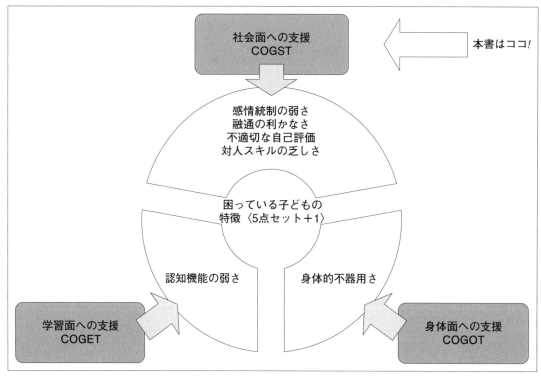

図2 「困っている子どもの特徴〈5点セット＋1〉」への
「社会面」、「学習面」、「身体面」からの具体的支援

　コグトレは、学校や社会で困らないために3方面（社会面、学習面、身体面）から子ども
を支援するための包括的プログラムです（**図2**）。本書はこのうち、社会面の支援を扱った
「認知ソーシャルトレーニング（COGST）」に相当します。

　われわれは社会にあって、他者との関わりの中で生きています。いくつかある問題の中
で、対人関係のトラブルは、子どもにとっても、非常に大きなストレスになり得ます。ま
た、われわれの自己イメージは、他者との関わりを通して形成される側面があります。で
すから社会面のトレーニングはとても大切になってきます。本書はこういった、子どもの
社会面への支援を目的としています。

文献

　1）宮口幸治：コグトレ—みる・きく・想像するための認知機能強化トレーニング．三輪書店,
　　　2015
　2）宮口幸治,　他（編著）：不器用な子どもたちへの認知作業トレーニング．三輪書店,　2014

④ 認知ソーシャルトレーニング（COGST）の構成

　先に述べたように、対人関係のトラブルはとても大きなストレスになります。対人スキルが乏しく、「思ったことをすぐに口に出す」、「相手の気持ちに立って考えられない」子どもが、集団の中でうまくやっていけないであろうことは容易に想像ができます。場合によっては、イジメにつながってしまうことも考えられます。さまざまな場面を想定した、丁寧なトレーニングが必要になってきます。

　認知ソーシャルトレーニング（COGST）は、われわれの臨床経験や研究成果を基に開発したもので、以下の4つのトレーニングから構成されています。

・**段階式感情トレーニング**：感情を効果的にコントロールできるよう、無理なく段階的にトレーニングしていきます。5段階からなります。
・**危険予知トレーニング**：子どもたち自身が自分の身を自分で守るために、事前にさまざまな危険を予知できるようトレーニングしていきます
・**対人マナートレーニング**：対人スキルの向上のために、その基礎となる対人マナー力（挨拶をする、お礼を言う、謝罪する、頼む、断るなど）の向上を目的としたトレーニングを行っていきます。
・**段階式問題解決トレーニング**：何か問題が生じた際に、いくつかの解決策を挙げながら自分でそれらの問題を解決していく力がつくようトレーニングしていきます。

　本書にはCOGSTの一部として、「**対人マナートレーニング**」と「**段階式問題解決トレーニング**」の2つが収録されています。

MEMO

第2章

対人マナートレーニング
Social Manner
Training: SMT

① 対人マナートレーニングの背景

　本書で扱う対人マナートレーニングの背景は、以下の内容からなっています。ここでは、はじめに「なぜ対人マナーが必要なのか」、次に「ノンバーバルコミュニケーションの大切さ」、そして「自分を知ること」について解説します。

1. なぜ対人マナーが必要なのか？
2. ノンバーバルコミュニケーションの大切さ
3. 自分を知ること

1. なぜ対人マナーが必要なのか？

　人との良好な関係を維持・構築していくために、対人マナーは欠かせません。ところが、就職に向けた対人マナーの講座は散見されても、子どもたちが受講できる講座はほとんど見当たりません。また、小中学校の学習指導要領をみても、道徳の授業科目の一部に「感謝」、「礼儀」の項目は入っていますが、対人マナーを学ぶのに十分とはいえません。

　対人マナーは人と円滑なコミュニケーションをとるうえで、一番基本になるものです。単に元気に挨拶をすればいい、とりあえず謝ればいいといった認識で決まり文句を言うだけでは、相手に真意が伝わらないばかりでなく、誤解を招くことさえあります。

　コミュニケーションには、言語を用いるバーバル（言語）コミュニケーションと、言語を用いないノンバーバル（非言語）コミュニケーションがあります。「こんにちは」、「ごめんなさい」、「ありがとうございます」などの決まった言葉を使ったコミュニケーションは、日ごろの学校生活の中や家庭で十分に獲得されていくでしょう。しかし、表情、しぐさ、視線、相手との距離など多様な要素を含むノンバーバルコミュニケーションは、あらためて学ぶ機会がないと、我流で間違って学習してしまうかもしれません。

　次項では、ノンバーバルコミュニケーションの大切さについて概説します。

2. ノンバーバルコミュニケーションの大切さ

　対人マナーは、場面や状況に応じて挨拶やお礼、謝罪などができるだけではなく、相手を不快な気持ちにさせないことがとても重要です。相手を不快な気持ちにさせないためには、言葉だけではなく、ノンバーバルコミュニケーションについて学ぶ必要があります。

　ノンバーバルコミュニケーションの研究者である Ray L Birdwhistell は、「二者間の対話では、言葉によって伝えられるメッセージ（コミュニケーションの内容）は全体の 35％にすぎず、残りの 65％は、話しぶり、動作、ジェスチャー、相手との間のとり方など言葉以外の手段によって伝えられる」としています[1]。さらに、好悪などの感情のメッセージを伴う場合は、言葉（7％）よりも表情（55％）や声のトーン（38％）などのノンバーバルコミュニケーション（55＋38＝93％）のほうが信用されるという研究（メラビアンの法則）[2]もあります。

　ノンバーバルコミュニケーションは、視覚情報、聴覚情報として伝達されます。表情、しぐさ、うなずき、相手との距離、身体の向き、視線などは視覚情報であり、声の大きさやスピード、抑揚などは聴覚情報です。見ること、聴くことに弱さのある子どもの場合、これらの情報に気づかず、対人関係をこじらせることは容易に想像できます。

　図 1 を見てください。A さんが B さんに「おはよう」と言ったにもかかわらず、B さんは反応しなかったとします。この場合、A さんは"無視された"と思い、怒りの感情が生じるかもしれません。しかし、A さんは B さんの背後から声をかけているため、B さんは自分に声をかけられたと思わなかったかもしれません。また、ほかにも数名の同級生がいた状況であったら、B さんはもっと、自分への挨拶と思わないかもしれません。さらに、B さんが友だちとの会話に熱中している状況であったら、A さんの声に気づかなかった可能性もあります。視線や身体の向き、声をかけるタイミングなど、挨拶をするだけでも、言語以外の（ノンバーバルな）要因が重要になってくるというわけです。

　もう一つ例を挙げます。**図 2** を見てください。A 君は、B 君が大切にしていたおもちゃを壊してしまいました。B 君は、お小遣いを貯めてようやく買ったおもちゃだったので、とても悲しくなりました。A 君は笑いながら「ごめんね～」と B 君に謝りましたが、B 君は泣きながら「許さない」と言いました。A 君は、ちゃんと謝ったのに何で許してもらえないのかと戸惑いました。この例では、A 君はおもちゃを壊したことに対して正直に「謝る」という対応はできています。しかし、A 君は笑って謝っているため、ふざけているように見えて、反省をしているようには見えなかったかもしれません。また、謝罪の言葉を言うだけではなく、「大事なものを壊してしまってごめんね。直せないかお父さんに相談してみるから明日まで待ってて」というように、相手の気持ちを考えながら自分にできるこ

図1 「おはよう」と言ったのに反応がない例

図2 謝ったのに許してもらえない例

とを伝えることも必要です。

　いずれの例も、相手が反応しなかったり、拒否的な反応をしたりと、想定外の反応が返ってきていますが、それは行動の結果として自分が招いていることだとわからなければ、責任の所在は相手と思い込むことにより、対人関係の構築が難しくなります。

　次項では、自分を知ることについて概説します。

文献

1) Vargas MF（著），石丸　正（訳）：非言語コミュニケーション（新潮選書）．新潮社，1987
2) Mehrabian A：Silent Messages：Implicit Communication of Emotions and Attitudes. Wadsworth Publishing Company, 1972

3. 自分を知ること

　自分がどのような人間かを正しく知ることは、自分を変えたいと思うための大きな動機づけになります[1]。自分に注意を向ける方法として、宮口[1]は「過去・未来の自分と手紙交換」と「山あり谷ありマップ」を紹介しています。ここでは「山あり谷ありマップ」を簡単に紹介します。**図3**を見てください。このグラフの縦軸は上方向に「よかったこと」、下方向に「悪かったこと」を表し、横軸は時間の経過を表しています。横軸の目盛は子どもに自由にとらせて、よかったことを山、悪かったことを谷として線を描いてもらい、山や谷の部分に何があったのかを書いてもらいます。

　対人マナーを学ぶ前には、このような方法を用いて、自分の特性に気づくところから始めるとよいでしょう。そうすることで、人とコミュニケーションをとるときの自分の声の大きさ、スピード、相手との距離のとり方、表情、よく使っているジェスチャーや癖などへの気づきを促し、さらには相手を不快な気持ちにさせないマナーの獲得につながっていくと考えています。

文献

1) 宮口幸治：1日5分！　教室で使えるコグトレ―困っている子どもを支援する認知トレーニング122. 東洋館出版社，p125，2016

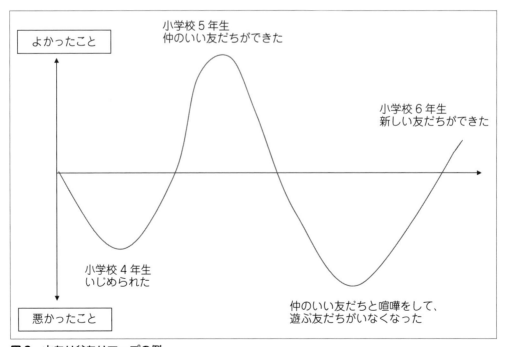

図3　山あり谷ありマップの例

② 対人マナートレーニングの方針と構成

　では、ここから具体的な対人マナートレーニングに入っていきます。

　私たちは、相手の話している内容だけではなく、表情や視線、態度からも多くの情報を受け取っています。たとえば、「楽しいね」と言う相手の表情が笑っていなければ、本当は楽しくないのかなと感じるでしょう。また、特定の地域や国によって、ある動作がそれぞれ異なる意味をもっていることもあります。このように、私たちは言語を用いずとも、互いにさまざまな情報を、意識的ないし無意識的に受信・発信しているのです。特に対人マナーで重要になるノンバーバルコミュニケーションの多くは、学習によって身につくものです。子どもは成長するにつれ、周囲の大人を観察し、模倣することによってノンバーバルコミュニケーションを習得していきますが、それはたいてい無意識のうちに習得するのであって、意識して学習することは稀です[1]。ということは、すでに習得してしまった誤ったノンバーバルコミュニケーションの方法を修正することは容易ではなさそうです。また、観察力や模倣する力が乏しい子どもは、言葉以外のコミュニケーションを十分に習得できていないことが予測されます。そのため、本書では、単に正しい対人マナーを教えるのではなく、失敗する場面から考えてもらい、そのうえで、成功する方法を自分自身で考えてもらうトレーニング方法を提示しています。

　本章では、「あいさつ」、「誘う」、「尋ねる」、「頼む」、「謝る」、「断る」、「お礼」の場面別に、基本的な対人マナーを学びます。そして、それぞれの場面には、①声をかけるタイミング、②相手との距離、③視線や身体の向き、④表情、⑤声の大きさ、⑥話すスピード、⑦相手の気持ちを考えて最初にかける言葉、の7つの指導ポイントが組み込まれています。

文献

1）Vargas MF（著），石丸　正（訳）：非言語コミュニケーション（新潮選書）．新潮社，1987

3 対人マナートレーニングの手順

···▶ **ねらい**

　提示された「対人マナートレーニング」のワークシートを見ながら、相手の気持ちや状況を想像してみることで、人と接するときに必要となる自分の対人マナーを理解します。

···▶ **進め方**

・子どもに対人マナートレーニングのワークシートを提示し、まずは失敗した例に従って、何と言ったのか、具体的な言葉を記入欄の左側に書いてもらいます。さらに"うまくいかないやり方"について、言葉以外ではどのように声をかけたのか、マナーを考慮しながら記入欄の右側を埋めてもらいましょう。

・次に、成功した例に従って、具体的な言葉を記入欄の左側に書いてもらいます。そして、"うまくいくやり方"について、言葉以外ではどのように声をかけたのか、マナーを考慮しながら記入欄の右側を埋めてもらいます。

・グループで行う際には、まず記入欄を個々で埋めてもらってから、一人ずつ順に発表してもらいましょう。

・できるだけ制限時間は設けずに取り組んでください。

···▶ **ポイント**

・対人マナーを獲得するためには、まずノンバーバルコミュニケーションに関心をもってもらう必要があります。ワークシートのそれぞれの状況に応じて、声をかけるタイミング、相手との距離、視線や身体の向き、表情、声の大きさ、話すスピードなどを同時に確認していきましょう。

・ここでは、対人マナーの違いによって相手の人がどのように感じるかを想像させることで、適切な対人マナーの理解を促しますので、少しでも多くのマナーを考えてもらうことが大切です。

・グループで行う際には、ほかの子はどう考えたのかを知ることで、自分が培った常識を省みる機会にもなりますので、いろいろな考え方があることを知ってもらいましょう。

⋯▶ 留意点

- 対人マナーの多くは無意識に習得してきたものです。自分が正しいと思っていたマナーがほかの人とは違うこともあります。しかし、「あなたのマナーは間違っている」と指摘してしまうと、指摘された相手はこれまで積み上げてきた自分の経験をすべて否定されたように思うかもしれません。このトレーニングの目的は相手の間違いを正すことではありません。グループでは、ほかの人はどう考えたのかを知り、違った考え方もあることに気づいてもらうことが大切です。

- うまくいかないやり方、うまくいくやり方に正解はありません。ですから、否定したり、間違いを正したりせず、いろいろな意見を出してもらって、さまざまなマナーについて考える機会をつくりましょう。

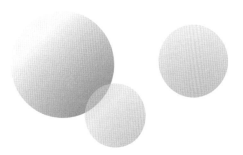

あいさつのマナー ❶

Ａさんのクラスに転校生のＢさんが入ってきました。Ａさんはａさんと仲よくしたいと思い、昼休みに、Ｂさんに近づいて、声をかけました。

転校生のＢさんは何も言わず、逃げていってしまいました。Ａさんはどのように声をかけたのでしょうか？　想像して書いてみましょう。

Ａさん　　　　　　　　Ｂさん

Ａさんは何と言ったと思う？	Ａさんの声の大きさは？ ＡさんとＢさんの距離は？
親友になろー	大声でどなる。 ピタッとくっつく。

言葉以外のマナーに
ついても考えて
みましょう

成功！

転校生のBさんは笑顔であいさつを返してくれて、その後、
2人で仲よく遊びました。Aさんはどのように声をかけたの
でしょうか？　想像して書いてみましょう。

……

Aさん

Aさん　　Bさん

Aさんは何と言ったと思う？

私の名前はAだよ。一緒
に遊ばない？

Aさんの声の大きさは？
AさんとBさんの距離は？

正面ではっきり聞こえる
くらいの大きさ。くっつ
きすぎず、1メートルく
らいあける。

あいさつのマナー ①

Ａさんのクラスに転校生のＢさんが入ってきました。ＡさんはＢさんと仲よくしたいと思い、昼休みに、Ｂさんに近づいて、声をかけました。

失敗！ 転校生のＢさんは何も言わず、逃げていってしまいました。Ａさんはどのように声をかけたのでしょうか？　想像して書いてみましょう。

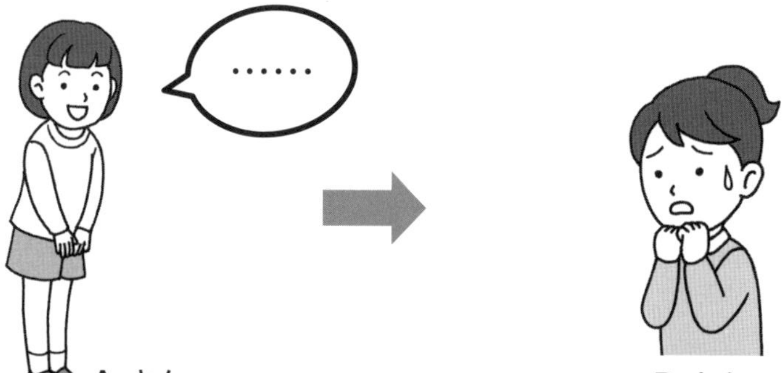

……

Ａさん

Ｂさん

Ａさんは何と言ったと思う？	Ａさんの声の大きさは？ ＡさんとＢさんの距離は？

言葉以外のマナーに
ついても考えて
みましょう

成功！

転校生のBさんは笑顔であいさつを返してくれて、その後、2人で仲よく遊びました。Aさんはどのように声をかけたのでしょうか？　想像して書いてみましょう。

……

Aさん　　　　　　　　　　　Aさん　　　Bさん

Aさんは何と言ったと思う？	Aさんの声の大きさは？ AさんとBさんの距離は？

あいさつのマナー ②

A君はきのうから咳が出ていますが、熱はなかったので登校しました。隣に座っているB君に、咳をしながらも、朝のあいさつをしました。

失敗！

B君は嫌そうな顔をして、返事をしてくれませんでした。A君はどのようにあいさつをしたのでしょうか？　想像して書いてみましょう。

A君は何と言ったと思う？

_____

_____

_____

_____

A君とB君の距離は？
A君の視線や身体の向きは？

_____

_____

_____

_____

言葉以外のマナーについても考えてみましょう

成功！

B君は「おはよう」とあいさつをしてくれたあとに、「大丈夫？」と心配してくれました。A君はどのようにあいさつをしたのでしょうか？　想像して書いてみましょう。

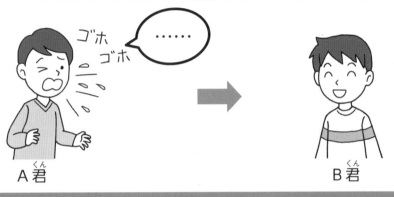

ゴホ
ゴホ
……

A君　　　　　　　　　　　B君

A君は何と言ったと思う？

_____

_____

_____

_____

A君とB君の距離は？
A君の視線や身体の向きは？

_____

_____

_____

_____

誘うマナー ①

A君は、学校が終わったら自分の家に友だちを呼んで一緒に遊びたいと思い、B君に声をかけました。

失敗！ B君は変な顔をして、行ってしまいました。A君はどのように声をかけたのでしょうか？ 想像して書いてみましょう。

A君　　　　　　　　　　　　B君

A君は何と言ったと思う？	A君の表情は？ A君の声の大きさは？

言葉（ことば）以外（いがい）のマナーについても考（かんが）えてみましょう

成功（せいこう）!

B君（くん）は喜（よろこ）んで、「いいよ」と答（こた）えました。A君（くん）はどのように声（こえ）をかけたのでしょうか？　想像（そうぞう）して書（か）いてみましょう。

A君（くん）　→　B君（くん）

A君（くん）は何（なん）と言（い）ったと思（おも）う？

_____

_____

_____

_____

A君（くん）の表情（ひょうじょう）は？
A君（くん）の声（こえ）の大（おお）きさは？

_____

_____

_____

_____

　A君は、公園でサッカーをしようと友だちを誘いました。あと1人メンバーが足りなかったので、A君は公園のベンチでゲームをしていたB君に声をかけました。

失敗！ B君は「行かない」と言いました。A君はどのように声をかけたのでしょうか？　想像して書いてみましょう。

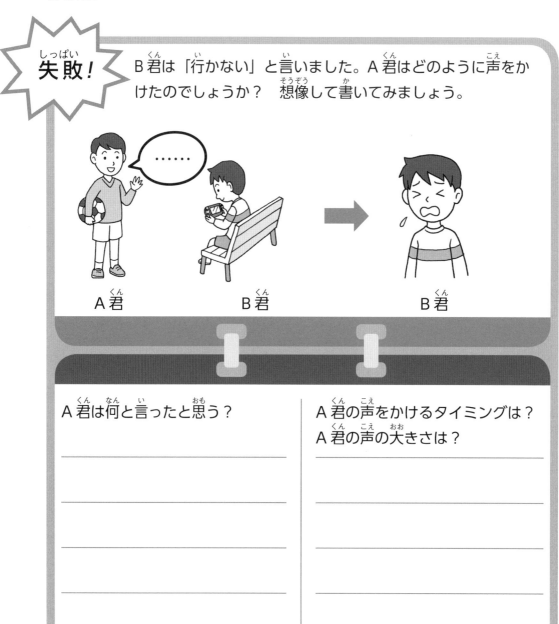

A君　　　　　B君　　　　　　　　　　　B君

A君は何と言ったと思う？	A君の声をかけるタイミングは？ A君の声の大きさは？

言葉以外のマナーについても考えてみましょう

成功！

B君が来てくれたので、みんなで楽しくサッカーをしました。A君はどのように声をかけたのでしょうか？　想像して書いてみましょう。

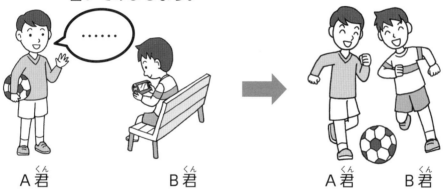

A君　　　　　　　　B君　　　　　　　　A君　　　　　　B君

A君は何と言ったと思う？

_____

_____

_____

_____

A君の声をかけるタイミングは？
A君の声の大きさは？

_____

_____

_____

_____

尋ねるマナー ①

　友だちが楽しそうにおしゃべりをしています。Aさんは、友だちがどんなおしゃべりをしているのか知りたいと思い、声をかけました。

失敗！ 友だちはおしゃべりに夢中で、何も答えてくれません。Aさんはどのように声をかけたのでしょうか？　想像して書いてみましょう。

Aさん　　　　　　　　　Aさん

Aさんは何と言ったと思う？

_____

_____

_____

_____

Aさんの声をかけるタイミングは？
Aさんの声の大きさは？

_____

_____

_____

_____

言葉以外のマナーに
ついても考えて
みましょう

成功！

友だちは、喜んで教えてくれました。Aさんはどのように声をかけたのでしょうか？　想像して書いてみましょう。

Aさん　　　　　　　　　　　　　　　　　　　　Aさん

Aさんは何と言ったと思う？	Aさんの声をかけるタイミングは？ Aさんの声の大きさは？

尋ねるマナー ②

2時間目と3時間目の間の休み時間に、みんな遊んでいます。B君は先生に頼まれて、黒板を消していました。A君は運動場にサッカーをしに行こうと思い、B君はどうするか聞いてみました。

失敗！

B君は返事をしないで、黒板を消しています。しかたなく、A君は一人で運動場に行きました。A君はどのように聞いたのでしょうか？　想像して書いてみましょう。

B君　A君　　　　　　　　　A君

A君は何と言ったと思う？	A君の視線や身体の向きは？ A君とB君の距離は？

言葉以外のマナーについても考えてみましょう

成功!

B君は「すぐに黒板を消すから待ってて」と返事をしました。そして、A君とB君は一緒に運動場に行きました。A君はどのように聞いたのでしょうか？ 想像して書いてみましょう。

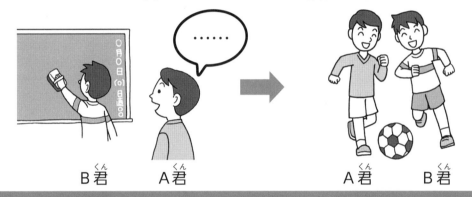

B君　A君　　　　　A君　B君

A君は何と言ったと思う？	A君の視線や身体の向きは？ A君とB君の距離は？

尋ねるマナー ③

次は体育の時間です。Aさんは先生の話を聞いていなかったので、集合場所がわからず、困っていました。教室の入り口近くで同級生が話をしていたので、聞こうと思い、声をかけました。

 失敗！ 同級生は誰も答えてくれません。Aさんはどのように声をかけたのでしょうか？　想像して書いてみましょう。

Aさんは何と言ったと思う？

_____

_____

_____

_____

どのように声をかけたと思う？

_____

_____

_____

_____

何人かに聞くときにはどのように声を
かけるか考えてみましょう。
たとえば、「最初にみんなに気づいて
もらう」、「誰か一人に声を
かける」などです。

成功！

同級生の一人が振り返って「体育館だよ」と教えてくれたの
で、Aさんは体育館に行きました。Aさんはどのように声を
かけたのでしょうか？　想像して書いてみましょう。

……

Aさん

Aさんは何と言ったと思う？	どのように声をかけたと思う？

頼むマナー ①

　A君は先生から、理科室にある大きな荷物を教室まで運んでほしいと頼まれました。不安そうなA君に、先生は「誰かに手伝ってもらって」と言いました。A君は理科室に行く途中、友だち数人に、手伝ってほしくて声をかけました。

 失敗！

みんなはムッとして、誰も手伝ってくれませんでした。しかたなく、A君は一人で荷物を運びました。A君はどのように声をかけたのでしょうか？　想像して書いてみましょう。

A君

A君

A君は何と言ったと思う？

_____

_____

_____

_____

A君の表情は？
A君の話すスピードは？

_____

_____

_____

_____

言葉以外のマナーについても考えてみましょう

成功！

みんなが笑顔で「いいよ」と言ってくれたので、A君はみんなと一緒に荷物を運びました。A君はどのように声をかけたのでしょうか？　想像して書いてみましょう。

A君

A君

A君は何と言ったと思う？

_____

_____

_____

_____

A君の表情は？
A君の話すスピードは？

_____

_____

_____

_____

頼むマナー ②

Aさんのクラスが図工の時間に、外で写生をしています。Aさんは赤色の絵の具がなくなってしまい、赤い花が描けなくて困っていました。そして、近くにいたB君に借りようと思い、声をかけました

失敗！ B君が「嫌だ」と言ったので、赤い花は描けませんでした。Aさんはどのように声をかけたのでしょうか？ 想像して書いてみましょう。

B君　Aさん　　　　　　　　　　　B君

Aさんは何と言ったと思う？

_____

_____

_____

_____

Aさんの表情は？
AさんとB君の距離は？

_____

_____

_____

_____

言葉以外のマナーに
ついても考えて
みましょう

成功！

B君がすぐに赤色の絵の具を貸してくれたので、きれいな赤い花を描くことができました。A さんはどのように声をかけたのでしょうか？　想像して書いてみましょう。

B君　　　　Aさん　　　　　　　　　　　B君

A さんは何と言ったと思う？	A さんの表情は？ A さんと B 君の距離は？

謝るマナー ①

A君は友だちと、公園でキャッチボールをしています。A君が投げたボールがそれて、砂場で遊んでいたBさんに軽く当たってしまいました。A君はBさんに謝ろうと声をかけました。

失敗！ Bさんは許してくれませんでした。A君はどのように声をかけたのでしょうか？ 想像して書いてみましょう。

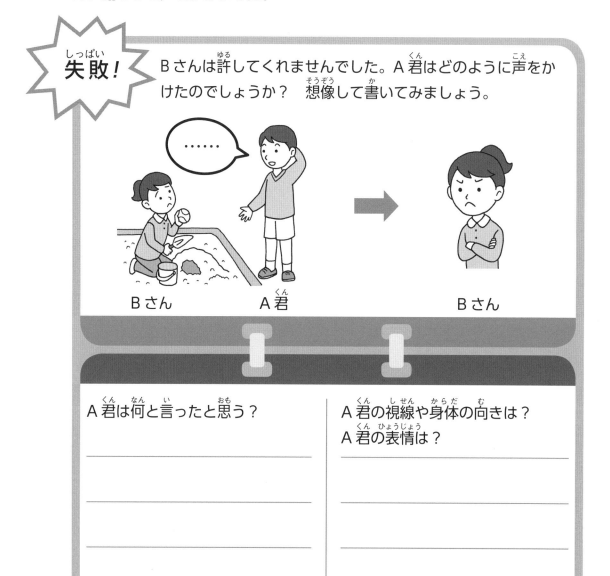

Bさん　　　　　A君　　　　　　　　　Bさん

A君は何と言ったと思う？

_____

_____

_____

_____

A君の視線や身体の向きは？
A君の表情は？

_____

_____

_____

_____

言葉以外のマナーについても考えてみましょう

成功！

Bさんは許してくれました。A君はどのように声をかけたのでしょうか？　想像して書いてみましょう。

Bさん　　　A君　　　　　　　　Bさん

A君は何と言ったと思う？

A君の視線や身体の向きは？
A君の表情は？

謝るマナー ②

A君は授業中に、Bさんから借りた消しゴムを半分に折ってしまいました。A君はBさんに新しい消しゴムを買って返そうと思い、声をかけました。

失敗！

Bさんは不機嫌そうな表情で、「もう貸してあげないから！」と怒りました。A君はどのように声をかけたのでしょうか？想像して書いてみましょう。

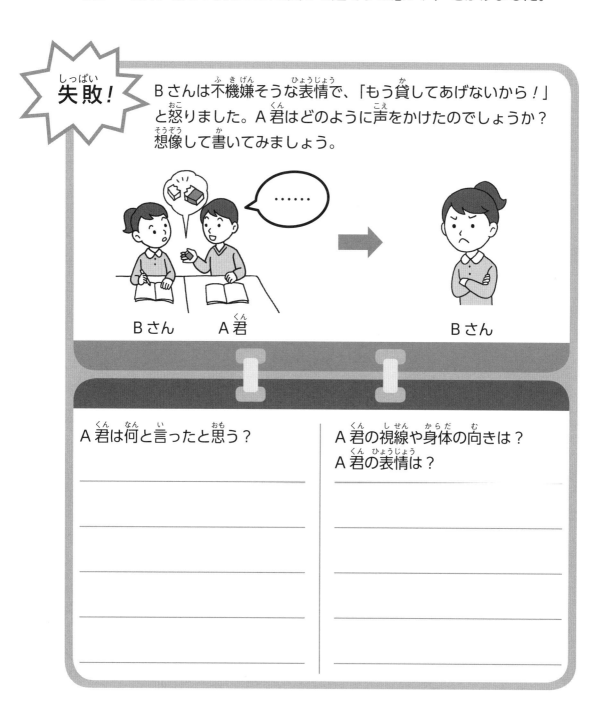

Bさん　　A君 　　　　　　　　　　Bさん

A君は何と言ったと思う？

A君の視線や身体の向きは？
A君の表情は？

言葉以外のマナーに
ついても考えて
みましょう

成功！

Bさんは「いいよ、気にしないでね」と許してくれました。
A君はどのように声をかけたのでしょうか？　想像して書い
てみましょう。

Bさん　　　A君　　　　　　　　Bさん

A君は何と言ったと思う？

_____

_____

_____

_____

A君の視線や身体の向きは？
A君の表情は？

_____

_____

_____

_____

謝るマナー ③

　Aさんは友だちと 10 時に公園で待ち合わせをしていました。ところが家を出ようとしたとき、自転車のタイヤがパンクしていることに気づき、走って公園に向かいました。10 分遅刻した A さんは友だちに言いました。

失敗！　友だちは許してくれません。A さんはどのように言ったのでしょうか？　想像して書いてみましょう。

友だち　　　A さん　　　　　　　　　友だち

A さんは何と言ったと思う？

_____

_____

_____

_____

_____

A さんの話すスピードは？
A さんの表情は？

_____

_____

_____

_____

_____

言葉以外のマナーに
ついても考えて
みましょう

成功!

友だちは「いいよ」と優しく許してくれました。Aさんはどのように言ったのでしょうか？　想像して書いてみましょう。

友だち　　Aさん

友だち

Aさんは何と言ったと思う？

_____

_____

_____

_____

Aさんの話すスピードは？
Aさんの表情は？

_____

_____

_____

_____

謝るマナー ④

　習字の時間、Ａさんは墨が垂れる筆を持ったまま、書いたものを先生に見せました。ところが、筆から垂れた墨が隣のＢさんの紙に飛んでしまいました。気づかないＡさんにＢさんは「何するの！」と怒りました。Ａさんは言いました。

失敗！

　Ｂさんは「許してあげない」と言っています。Ａさんはどのように言ったのでしょうか？　想像して書いてみましょう。

Ｂさん　Ａさん　　　　　　Ｂさん

Ａさんは何と言ったと思う？	どうしてそう声をかけたの？

急に怒り出したBさんの気持ちを
まず考えて、何と言ったのか、どうして
そう声をかけたのか書いてみましょう。
たとえば、「相手が怒った理由を聞い
てみる」、「気づかなかったことを
伝える」などです

成功！

Bさんは「いいよ、今度は気をつけてね」と許してくれまし
た。Aさんはどのように言ったのでしょうか？　想像して書
いてみましょう。

Bさん　　Aさん　　　　　　　　　　　　　Bさん

Aさんは何と言ったと思う？	どうしてそう声をかけたの？

断るマナー ①

A君は今朝、お母さんに「今日は寄り道しないで家に帰ってきなさい」と言われました。学校が終わって帰ろうとすると、B君が「これからうちで一緒に遊ぼうよ」と誘ってくれたので、A君はB君に言いました。

失敗！

B君は「もう二度と誘わない！」と怒り出しました。A君はどのように言ったのでしょうか？　想像して書いてみましょう。

…… A君　B君　→　B君

A君は何と言ったと思う？	A君の表情は？

言葉以外のマナーに
ついても考えて
みましょう

成功!

B君は「わかった、じゃあまた今度遊ぼう」と笑顔で言いました。A君はどのように言ったのでしょうか？　想像して書いてみましょう。

……

A君　　B君

B君

A君は何と言ったと思う？

A君の表情は？

断る<ruby>断<rt>ことわ</rt></ruby>るマナー ❷

Ａさんは<ruby>数人<rt>すうにん</rt></ruby>の<ruby>友<rt>とも</rt></ruby>だちと、<ruby>自転車<rt>じてんしゃ</rt></ruby>で<ruby>出<rt>で</rt></ruby>かけました。ある<ruby>友<rt>とも</rt></ruby>だちが、こっちのほうが<ruby>楽<rt>たの</rt></ruby>しそうだと<ruby>車<rt>くるま</rt></ruby>の<ruby>多<rt>おお</rt></ruby>い<ruby>道<rt>みち</rt></ruby>に<ruby>行<rt>い</rt></ruby>こうとしました。<ruby>怖<rt>こわ</rt></ruby>かったのでやめてほしくて、Ａさんは<ruby>言<rt>い</rt></ruby>いました。

失敗！

<ruby>結局<rt>けっきょく</rt></ruby>、<ruby>車<rt>くるま</rt></ruby>の<ruby>多<rt>おお</rt></ruby>い<ruby>道<rt>みち</rt></ruby>を<ruby>通<rt>とお</rt></ruby>ることになり、<ruby>車<rt>くるま</rt></ruby>に<ruby>何度<rt>なんど</rt></ruby>もクラクションを<ruby>鳴<rt>な</rt></ruby>らされ、とても<ruby>怖<rt>こわ</rt></ruby>い<ruby>思<rt>おも</rt></ruby>いをしました。Ａさんはどのように<ruby>言<rt>い</rt></ruby>ったのでしょうか？ <ruby>想像<rt>そうぞう</rt></ruby>して<ruby>書<rt>か</rt></ruby>いてみましょう。

……

Ａさん

Ａさんは<ruby>何<rt>なん</rt></ruby>と<ruby>言<rt>い</rt></ruby>ったと<ruby>思<rt>おも</rt></ruby>う？

_____

_____

_____

_____

Ａさんの<ruby>声<rt>こえ</rt></ruby>の<ruby>大<rt>おお</rt></ruby>きさは？
Ａさんの<ruby>話<rt>はな</rt></ruby>すスピードは？

_____

_____

_____

_____

言葉以外のマナーに
ついても考えて
みましょう

成功！

みんなで車の少ない安全な道を通ることになりました。Aさんはどのように言ったのでしょうか？ 想像して書いてみましょう。

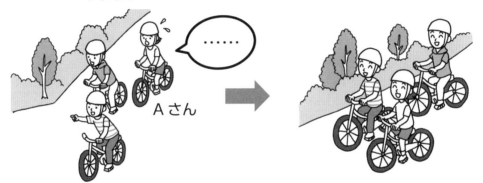

…… Aさん

Aさんは何と言ったと思う？	Aさんの声の大きさは？ Aさんの話すスピードは？

断るマナー ③

A君が友だちと下校していると、道に財布が落ちていました。それを見つけたB君は「もらっちゃおうよ？」と言いましたが、A君は警察に届けたほうがいいと思ってB君に言いました。

失敗！

B君は怒って、走って帰ってしまいました。しかたなく、A君は財布を拾って交番に届けました。A君はどのように言ったのでしょうか？　想像して書いてみましょう。

B君　A君

B君

A君は何と言ったと思う？	どうしてそう声をかけたの？

急に怒り出したB君の気持ちを
まず考えて、何と言ったのか、
どうしてそう声をかけたのか
書いてみましょう。
たとえば、「交番に届けたほうがいいと
思う理由を伝える」などです

成功！

A君とB君は一緒に、交番に財布を届けに行きました。A君はどのように言ったのでしょうか？　想像して書いてみましょう。

B君　A君

A君は何と言ったと思う？

_____

_____

_____

_____

どうしてそう声をかけたの？

_____

_____

_____

_____

お礼のマナー ①

Aさんは花壇の水やり当番だったので、じょうろいっぱいの重い水を運んでいます。そこへ校長先生が通りかかり、手伝って一緒に運んでくれたので、Aさんはあることを言いました。

 失敗！ 校長先生は不満そうな表情をしています。Aさんはどのように言ったのでしょうか？　想像して書いてみましょう。

校長先生　Aさん

校長先生

Aさんは何と言ったと思う？

_____

_____

_____

_____

Aさんの視線や身体の向きは？
Aさんの声の大きさは？

_____

_____

_____

_____

言葉以外のマナーについても考えてみましょう

成功！

校長先生はＡさんの言葉を聞いて笑顔になりました。Ａさんはどのように言ったのでしょうか？　想像して書いてみましょう。

校長先生　Ａさん

校長先生

Ａさんは何と言ったと思う？	Ａさんの視線や身体の向きは？ Ａさんの声の大きさは？
＿＿＿＿＿＿＿＿＿＿＿＿＿	＿＿＿＿＿＿＿＿＿＿＿＿＿
＿＿＿＿＿＿＿＿＿＿＿＿＿	＿＿＿＿＿＿＿＿＿＿＿＿＿
＿＿＿＿＿＿＿＿＿＿＿＿＿	＿＿＿＿＿＿＿＿＿＿＿＿＿
＿＿＿＿＿＿＿＿＿＿＿＿＿	＿＿＿＿＿＿＿＿＿＿＿＿＿

A君が朝、家を出ると、外で待っていたB君が「名札を忘れてるよ」と教えてくれたので、あわてて家に戻り名札をつけて登校しました。後でお礼を言い忘れていたと気づいたA君は、B君に声をかけました。

失敗！ B君は「何のこと？」と言いました。A君はどのように声をかけたのでしょうか？ 想像して書いてみましょう。

B君　A君　　　　　　　　　　　　　　　　　　B君

A君は何と言ったと思う？

_____

_____

_____

_____

A君の声をかけるタイミングは？
A君の表情は？

_____

_____

_____

_____

言葉以外のマナーに
ついても考えて
みましょう

成功!

B君は「どういたしまして」と返事をしました。A君はどのように声をかけたのでしょうか？　想像して書いてみましょう。

……

B君　　A君

B君

A君は何と言ったと思う？

_____

_____

_____

_____

A君の声をかけるタイミングは？
A君の表情は？

_____

_____

_____

_____

お礼のマナー ③

掃除の時間です。Aさんはほうきでごみを集めましたが、チリ取りに一人ではうまくごみを入れられませんでした。それを見たB君が、チリ取りを持って手伝ってくれました。AさんはB君に言いました。

失敗！ B君は何も言わずに、立ち去ってしまいました。Aさんはどのように言ったのでしょうか？　想像して書いてみましょう。

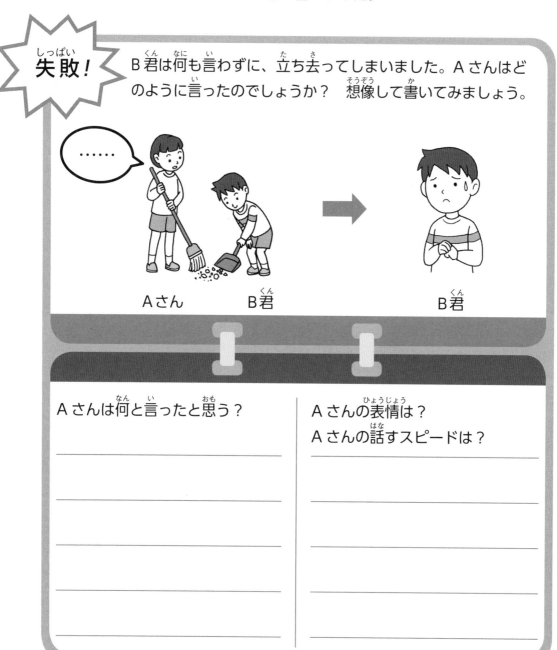

Aさん　　B君　　　　　　　　B君

Aさんは何と言ったと思う？

Aさんの表情は？
Aさんの話すスピードは？

言葉以外のマナーに
ついても考えて
みましょう

成功！

B君は「どういたしまして」と笑顔で返事をしてくれました。
Aさんはどのように言ったのでしょうか？　想像して書いて
みましょう。

……

Aさん　　　B君

B君

Aさんは何と言ったと思う？

_____

_____

_____

_____

_____

_____

Aさんの表情は？
Aさんの話すスピードは？

_____

_____

_____

_____

_____

_____

お礼のマナー ④

　A君はよく忘れ物をします。そして教科書を忘れるたびに、隣の席のBさんに見せてもらっています。今日も社会の教科書を忘れたA君は、Bさんにまた見せてもらいました。そしてあることを言いました。

失敗！ Bさんは「ひどい」と怒り出しました。A君はどのように言ったのでしょうか？　想像して書いてみましょう。

Bさん　　A君　　　　　　　　　Bさん

A君は何と言ったと思う？	どうしてそう声をかけたの？

急に怒り出したBさんの気持ちを
まず考えて、何と言ったのか、
どうしてそう声をかけたのか
書いてみましょう。
たとえば、「何度も繰り返し見せてくれる
Bさんに感謝する」などです

成功！

Bさんは、にっこりして「またいつでもどうぞ」と言いました。A君はどのように言ったのでしょうか？　想像して書いてみましょう。

Bさん　A君

Bさん

A君は何と言ったと思う？

_____

_____

_____

_____

どうしてそう声をかけたの？

_____

_____

_____

_____

MEMO

第3章

段階式
問題解決トレーニング
Staged Problem Solving
Training: SPST

1 段階式問題解決トレーニングの背景

　われわれは日常生活において、さまざまな問題を解決する作業を数多く行っています。簡単な問題であれば瞬時に判断し行動に移しますので、問題解決を行っていることにも気づかないかもしれません。一方、対人関係が絡んだ問題は正解がない場合も多く、解決に困難さを伴います。そこで重要になってくるのが、状況に応じて"融通を利かせる"力です。これが弱いと、日常生活において生きにくさが生じてきます。皆さんの周りに、このような人・子どもたちはいないでしょうか。

・何も考えずに思いつきでやってしまう
　→いったん考えることをせずに、すぐに行動に移してしまう。

・思い込みが強い、気づきが少ない
　→やる前から絶対こうだと思って突き進む。さまざまなヒントがあっても注意を向けられない。

・一つのことに没頭すると周りが見えなくなる
　→一つの作業・課題に対して一部にしか注意を向けられず、ほかにも必要なことがあるのに見落としてしまう。

　これらの背景としては、より多くの選択肢をもてないこと、思考が固いことが考えられます。通常われわれは、ある問題が生じたとき、それに対する目標を決め、対処すべきいくつかの解決策（たとえば A〜E 案）を考えます（**図1**の①）。次に、どの策が最もうまくいくか結果を予想し（②）、ある解決策を選択して実行します（③）。そしてその結果を評価して（④）、成功したなら終了するか、そのまま続けますし（⑤）、失敗すれば違う解決策を選び直します（⑥）。フィードバックを含めたこの一連の流れは問題解決の手順ですが、思考が固く柔軟でないと、解決策がたいてい一つしか出てきません。一つしか出てこないと（たとえば**図2**の①では A 案のみ）、比較ができないのでそれが最適な選択肢かどうかわかりませんし、同じ解決策で過去に失敗していても何度も同じ間違いを繰り返してしまうのです。それが前述の行動につながっていると思われます。

　たとえば、"お金が必要"という問題があるとします。そこで A 案として、"財布を盗む"というものが出てきたとします。しかも、もし**図2**のようにほかに B〜E 案が出てこない

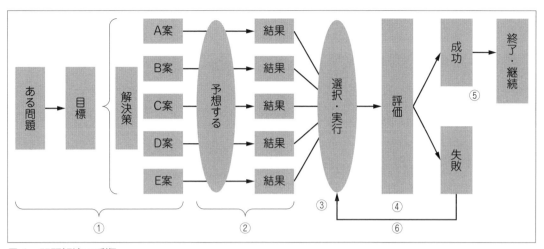

図 1　問題解決の手順

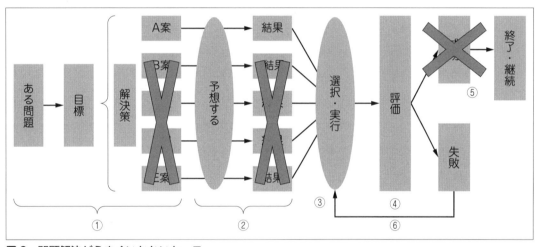

図 2　問題解決がうまくいかないケース
　　　Ａ案しか出てこないと、失敗してもまたＡ案を選んでしまう

としたら、ずっとＡ案を選び続けることになりかねません。これが続くと、"お金がない
と窃盗を繰り返す"といった融通の利かない不適切な行動につながったりするのです。
　ここで"融通の利かなさ"を簡単にみることができる一つの例を示します。

問）ここにリンゴが５個あります。これらのリンゴを３人で平等に分けるにはどうし
　　たらいいですか？

　この問いに対する答えとして挙げられる方法は、大きく２つに分かれます。一つは、ま
ず１人に１個ずつリンゴを配り、残りの２個を３人でどうやって分けるかを考える方法。

63

もう一つは、5個のリンゴをすべて3等分し、それを3人に分けていく方法です。いずれも間違いではありませんが、前者のほうが手間がかからずいいかもしれません。しかし、思考が固く融通が利かない子どもの答えは少し違います。

「これは算数の問題ですね。5÷3ですね。1.66666……、割り切れません。分けられません」

と答えたりするのです。決して計算問題を出しているわけではないのですが、「これは計算の問題だ」と思い込んでしまい、柔軟に融通を利かせて分けることができなかったりするのです。このような子どもたちに数多く出会ってきました。彼らは何らかの問題に対して、すぐに答えを出してしまいます。時間をかけて、「ちょっと待てよ……ほかに方法はないかな」といった柔軟な思考や違った視点をもつことがとても苦手なのです。

われわれは通常、五感をフルに使って情報収集しますが、彼らはどちらかというと視覚優位であり、思索が浅いことが多いようです。ですから、このような融通の利かなさのほかにも、

- 見たものにすぐに飛びつく
- 見えるものの背景や周囲にあるものに気がつかない
- 騙されやすい
- 過去から学べず同じ間違いを繰り返してしまう

といった生きにくさがみられます。これらは、対人関係においてもさまざまなトラブルに結びついてしまうのです。

ところで、何かの問題が生じた際の解決へのアプローチとしては、以下の4つのものがあります[1]。たとえば、弟が兄の大切にしていたおもちゃを壊し兄弟喧嘩になった場面で、親が兄に言って喧嘩をやめさせるケースで考えてみます。

- 強制的なアプローチ
  「喧嘩はやめなさい、何回も言っているでしょう？」
- 提案するアプローチ
  「お兄ちゃんだから我慢しようか。また買ってあげるよ」
- 理解させるアプローチ
  「弟はまだ小さいから仕方ないよ。ワザとじゃないよ」
- 問題解決型アプローチ
  「どうやったら弟に大切なおもちゃを壊されないか一緒に考えよう」

本章で扱うトレーニングは、最後のアプローチのように解決策を共に考える方法を基にしています。このトレーニングが必要な背景には、IQ が高いにもかかわらず思考が固く要領が悪い子どもたちがいること、基本的な対人スキルがあっても、現実に遭遇するさまざまな問題に対処できず実生活で "凸凹さ" をもつ子どもたちがいること、などがありました。社会でうまく生活するためには、対人マナーのさらに上位のスキル、つまりさまざまな問題を解決する "問題解決力" が必要です。大切なのは、教えることではなく、子ども自身が自分で問題解決できる力をつけることなのです。

　以下に、問題解決力が必要となるケースを示します。順に、解決すべき問題の難易度が上がっていきます。

1）あなたが家に帰ったとき、台所の水栓が破裂して水が噴き出していました。どうしますか？

　「すぐに水道修理屋に電話する」と答えたら、「では、すぐに来てくれなかったらどうする？」と追加します。対人関係が直接的には含まれないケースですので、特別な対人スキルは必要なく、修理屋さんが来るまでに取りあえずどうするかを考える問題です。

2) あなたは友だちと遊んでいるとき、帽子を池に落としてしまいました。どうしますか？

　一見すると、どんな道具を使って取ればいいかを考える問題であり、友だちもいるので知恵を拝借できそうです。しかし、ここで注意すべきは、友だちが長靴を履いていることです。

3) あなたが友だちと野球をしていると、近所で怖いといわれているおじさんの家の敷地内にボールが入ってしまいました。どうしますか？

　解決すべき問題の中に相手がいるケースです。2人で怖いおじさんとどう交渉するかを考える問題となります。

4) あなたは友だち同士が始めた喧嘩の間に挟まれてしまいました。どちらとも仲が
   いい友だちです。どうしますか？

　直接の当事者ではありませんのでまだ冷静でいられますが、一人で考えないといけません。

5) あなたは学校で自分の背中に「バカ」という貼り紙をされてしまい、あとになっ
   て気がつきます。どうしますか？

　これはとても困難な問題です。なぜなら、二度といたずらされないようにどうすべきか
考える以前に、"怒り"、"悲しみ"といった感情が溢れ、冷静な思考ができなくなるからで
す。感情コントロールも必要になってきます。

以上、解決すべき問題の例をいくつか挙げてきましたが、次第に難しくなってきたかと思います。このような問題についてグループで（もしくは支援者と子ども、1対1で）話し合いをさせ、柔軟な解決策を考えてもらう練習が、ここでいう段階式問題解決トレーニングなのです。

文献

1）Shure MB, et al：Raising a Thinking Preteen：The "I Can Problem Solve" Program for Eight to Twelve-Year-Olds. Henry Holt and Company, 2000

② 段階式問題解決トレーニングの方針と構成

　本章ではより柔軟な解決策を出せるようになることを目指し、段階的にトレーニングを行っていきます。段階式問題解決トレーニングは、以下の 3 つのトレーニングからなります。

　1）何があったか考えよう

　2）目標を決めよう

　3）あなたならどうする？

　問題解決にあたっては、困った問題に対して適切な目標を決めることが最初の関門になります。目標が不適切であれば、問題解決の過程自体が意味をなさなくなるためです。そこで、まず適切な目標を決めておいて、それに対してどのような解決策があるかを考えてもらう練習をしていきます（「1）何があったか考えよう」）。解決策を考えることに慣れたら次に、適切な目標を考える練習（「2）目標を決めよう」）に移り、最後に、1）と 2）を合わせた練習（「3）あなたならどうする？」）を行う、といった具合に、1）から 3）へと段階的に練習していきます。

1) 何があったか考えよう（15 題）
──目標が決まっているケース

　ワークシートには困った場面を含んだ短い物語とイラストがあります。そして話は途中で途切れ、時間が経過すると問題が解決しています。いったい何が起きて、どう解決されたのかを考えることで、問題解決の力をつけていきます。

　このトレーニングは、問題の目標（結果）を最初からポジティブな結末になるように定めることで、より前向きな解決策を促すようにつくられています。

2) 目標を決めよう（10 題）

　ワークシートには困った場面を含んだ短い物語とイラストがあります。問題に対する目標を決め解決策を考える前に、まず目標をメリット、デメリットの観点で考えていく練習をします。

　目標は個人によってさまざまですが、必ずしも常に適切な目標を選べるとは限りません。不適切な目標に対して、頑張ってその解決策を考えることは、不適切な行動につながりかねません。たとえば、お金がないという困った問題に対して、"盗む"という目標を立てたなら、解決策としては、どうやってバレないように盗むかを考えることになってしまいます。

　そこで、このトレーニングでは、それぞれの目標のメリット、デメリットを考えさせることで、より適切な目標を選べるよう促します。

3) あなたならどうする？（15 題）
──目標が決まっていないケース

　ワークシートには困った場面を含んだ短い物語とイラストがあります。設問に沿って、「どうなったらいいと思いますか？」、「そうなるためにはどうやって解決したらいいでしょうか？　（その解決策を選ぶと）どうなるでしょうか？」、「あなたなら、どの方法を選びますか？　選んだ理由は？」について考えていきます。

　1)のトレーニングと異なるところは、目標（「どうなったらいいと思いますか？」）が決まっていないところです。問題解決のための目標を設定するところは、2)のトレーニングで学んだことを参考にします。

　トレーニングにあたっては、1)〜3)に共通して、いくつか留意点があります。
・子どもと 1 対 1 で向き合って考えさせることもいいのですが、できれば 3 名以上のグループで行ったほうが、より効果的です。大人と子どもの 1 対 1 ではどうしても、大人

の模範的解決策と本人の解決策しか出てきませんので、不適切な解決策も含んだ他者の
さまざまな視点に触れることができません。一方、グループであればさまざまな解決策
に触れることができ、より柔軟な思考が身につきます。このように複数名でアイデアを
出し合う手法をブレインストーミングといいます。しかしグループ内の人数が多すぎて
も支援者は全体を把握できませんので、せいぜい6名くらいまでがいいでしょう。

・問題は段階的にレベルアップしていくことが大切です。最初は対人関係が絡まないケー
スから始め、解決策に対して活発なブレインストーミングを行います。慣れてきたら次
第に難易度を上げていき、自分が問題に巻き込まれるケースや根回しが必要なケースな
ど、より高度なトレーニングに取り組みます（本書のワークシートはそのように構成さ
れています）。

・不適切な解決策が出てきても、それぞれの解決策を決して否定しないことです。不適切
な解決策はあくまで一つの案であり、否定すると思考を固くしてしまい、柔軟な思考を
妨げます。それらに対しては、ズルくない（非道徳的でない）方法か？　現実的な方法
か？　解決までの時間設定は適切か？　本当にうまくいくか？　などに留意し、もっと
いい方法がほかにないか、考えてもらいましょう。

・適切な解決策が決まれば実際にロールプレイをして定着させると、より効果的でしょ
う。ワークシートの場面を想定して、子どもたちそれぞれに役を与え演じてもらうこと
で、疑似体験をさせるのです。もし恥ずかしがってうまくできない場合などは、本人に
演じさせるのではなく、ペープサート（紙人形劇）などを使ってやらせると、子どもた
ちの心理的負担も減り、より自由かつ柔軟に表現できるでしょう。

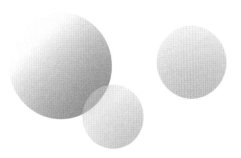

1) 何があったか考えよう
——目標が決まっているケース

···▶ **ねらい**

　困ったことに直面した際に、自分の力で考えて解決できる問題解決力を養います。ここでは、うまく解決できた目標（結果）を決めておき、それに至る経過の部分を考えることで、適切な問題解決の方法を学びます。

···▶ **進め方**

・ワークシートには困った場面を含んだ短い物語とイラストがあります。そして話は途中で途切れ、時間が経過すると（「❷ ❷ ❷ ❷ ❷」の部分）、問題が解決しています。「❷ ❷ ❷ ❷ ❷」の部分にはいったいどのようなことが起こり、問題が解決したのかを考えてもらい、「考えてみよう」の欄に話を書いて物語を完成させてもらいます。

・できるだけ制限時間は設けずに取り組んでください。

···▶ **ポイント**

・問題を解決するまでにはさまざまな過程があります。より現実的な問題解決の目安としては、解決策が複数あるか（解決策の数）、時間の経過が考慮されているか（時間）、すぐにはうまくいかないことも考慮されているか（障害）、の３つがまんべんなく含まれることとされています。

・したがって、どんな方法を使うか以外に、どのくらい時間がかかるか、解決までにどんな障害があるかなども考える必要があります。「考えてみよう」では、より現実的でさまざまな可能性が含まれた文章が書けることを目指します。

···▶ **留意点**

・偶然的に解決したという文章（たとえば、"水道修理屋さんが偶然通りかかり、すぐに直してくれました"など）では、問題を自ら解決したことにはなりませんので、偶然にうまくいった話は避けるよう最初に伝えましょう。

・解決策としては適切ではない話が出ても、いろいろな考え方を出せたことは評価してあげましょう。

何があったか考えよう ①

A君は困っています。

A君は、一人で留守番をしています。
A君は水を飲もうと、台所の水道の栓をひねりました。すると、蛇口の根元から水が勢いよく噴き出してきました。
あたりは水びたしです。

〉〉〉〉〉　（時間が流れます）

A君は安心しました。

考えてみよう

〉〉〉〉〉にはどんなことがあったでしょうか。
短い話をつくってみましょう。

A君はお母さんに電話をしましたが、お母さんは仕事中で出られません。おじいちゃんに電話をすると、「台所の下の元せんをしめると水は止まるよ」と教えてくれました。A君が台所の下の元せんをしめると、水は止まりました。

何があったか考えよう ①

A君は困っています。

　A君は、一人で留守番をしています。
　A君は水を飲もうと、台所の水道の栓をひねりました。すると、蛇口の根元から水が勢いよく噴き出してきました。
　あたりは水びたしです。

❯　❯　❯　❯　❯　（時間が流れます）

A君は安心しました。

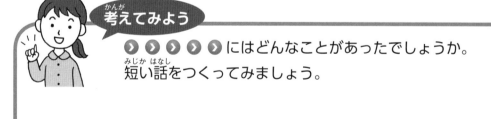

考えてみよう

❯❯❯❯❯にはどんなことがあったでしょうか。
短い話をつくってみましょう。

A君は困っています。

　今日は大切なテストがあります。ところがA君は寝ぼうをしてしまいました。大急ぎで準備をして、走って駅に向かいました。次の電車に乗らないと間に合いません。でも、改札を通ったところで電車は発車してしまいました。

　A君は、どうしていいのかわからず、駅のベンチに座り込みました。

 （時間が流れます）

A君は無事にテストを受けることができました。

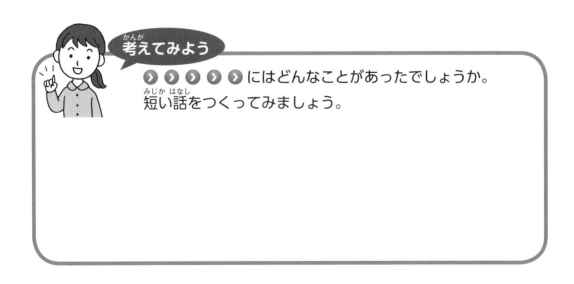

考えてみよう

❯❯❯❯❯ にはどんなことがあったでしょうか。
短い話をつくってみましょう。

Aさんは困っています。

Aさん　　　　Bさん　　　　Cさん

　BさんとCさんはどちらもAさんの親友です。
　ある日、BさんとCさんがけんかをしました。2人とも仲直りしません。Aさんは、BさんとCさんの両方から「どっちの味方?」と聞かれました。
　Aさんは3人で仲よくしたいと思っています。

 (時間が流れます)

Aさん、Bさん、Cさんの3人で仲よく遊んでいます。

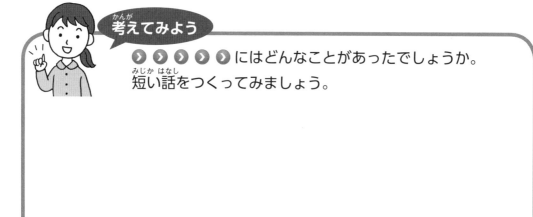

考えてみよう

❯❯❯❯❯にはどんなことがあったでしょうか。
短い話をつくってみましょう。

Ａ君は困っています。

Ａ君

Ａ君は、野球がとても好きです。

近所の野球チームに入れてほしかったので、頼みに行ったら、もう定員がいっぱいだからと断られました。

でも、Ａ君はその野球チームにとても入りたいと思いました。

   （時間が流れます）

Ａ君はその野球チームで楽しく練習しています。

考えてみよう

〉〉〉〉〉にはどんなことがあったでしょうか。

短い話をつくってみましょう。

Aさんは困っています。

Aさん

　AさんはBさんとコンサートに行く約束をしていました。駅で待ち合わせをしていましたが、Bさんが約束の時間を過ぎてもなかなか来ません。Aさんはイライラしてきました。ようやくBさんが来たころにはもうコンサートが始まっていて、結局2人は途中からしか観られませんでした。
　帰り道、Aさんはとても怒っていて、Bさんには口をききません。

 （時間が流れます）

Aさんはもう怒っていません。また一緒にコンサートに行こうねと約束しました。

考えてみよう

❯❯❯❯❯にはどんなことがあったでしょうか。
短い話をつくってみましょう。

何があったか考えよう ❻

A君は困っています。

A君

A君はとても人見知りです。
公園で何人かの子どもたちが遊んでいたので、一緒に遊びたいと思いました。
でも、恥ずかしくて声をかけることができません。

     （時間が流れます）

A君はみんなと一緒に楽しそうに遊んでいます。

考えてみよう

〉〉〉〉〉にはどんなことがあったでしょうか。
短い話をつくってみましょう。

A君は困っています。

A君　　　　　　　　A君　　　B君

　A君は誕生日プレゼントに、新しいゲーム機を買ってもらいました。でも友だちのB君がどうしても貸してほしいと言うので、貸すことにしました。
　ところが3日経ってもB君は、まだ遊びたいと言って返してくれません。A君はなんとかゲーム機を返してほしいと思いました。

 （時間が流れます）

A君は自分のゲーム機で楽しく遊んでいます。

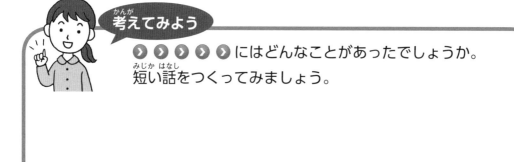

考えてみよう

❯❯❯❯❯にはどんなことがあったでしょうか。
短い話をつくってみましょう。

何があったか考えよう ⑧

A君は困っています。

A君 B君

　A君は明日のテストのために、授業をしっかり聞いてつくったノートを使って勉強していました。そこにB君から電話があって、すぐに返すからそのノートを貸してほしいと言われました。A君はノートを貸してあげました。
　ところが何時間経っても、B君から連絡がありません。電話にも出てくれませんし、A君はB君の家がどこにあるのか知りません。
　A君はすぐにそのノートを返してほしいと思いました。

 （時間が流れます）

A君はノートを無事に返してもらって、勉強を続けています。

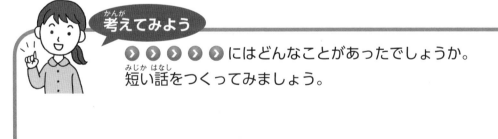

考えてみよう

❯ ❯ ❯ ❯ ❯ にはどんなことがあったでしょうか。
短い話をつくってみましょう。

何があったか考えよう ⑨

A君は困っています。

A君

　A君はB君の誕生日パーティーに招待されました。
　パーティーに来てみると、A君の知っている人はB君だけで、あとは知らない人ばかりでした。でもB君はほかの人と話すので忙しそうでした。
　A君は話す人がおらず、一人で立っていました。

（時間が流れます）

A君はパーティーで、ほかの人と話しながら楽しく過ごしています。

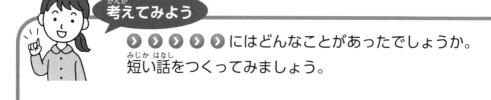

考えてみよう

　❯❯❯❯❯にはどんなことがあったでしょうか。
　短い話をつくってみましょう。

何があったか考えよう ⑩

A 君は困っています。

A君

A 君の弟はスポーツが嫌いで、いつも家の中で遊んでいます。
外で遊ぼうと言っても「嫌だ！」と言って、ずっと家の中にいます。
A 君は弟を外へ連れ出そうと思いました。

 （時間が流れます）

3 日後、A 君と弟は外で仲よくキャッチボールをして遊んでいます。

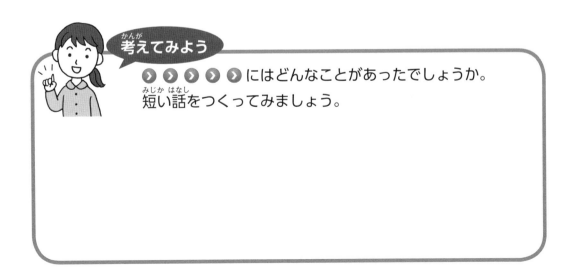

考えてみよう

〉〉〉〉〉にはどんなことがあったでしょうか。
短い話をつくってみましょう。

A君は困っています。

A君　　　　B君　　　　C君

　A君とB君とC君は公園に遊びにきました。A君は野球、B君はサッカー、C君は鬼ごっこがしたいと言いました。
　遊ぶ時間があまりないので一つしか選べません。でも、3人とも自分の意見を主張して、譲ろうとしません。

　（時間が流れます）

3人は仲よく遊んで家に帰りました。

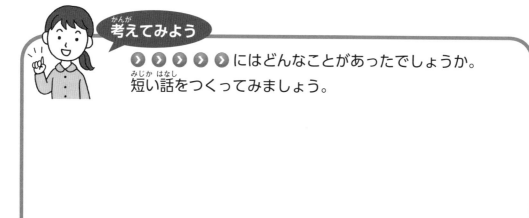

考えてみよう

　❯❯❯❯❯にはどんなことがあったでしょうか。
短い話をつくってみましょう。

Aさんは困っています。

Bさん

Aさん

　Aさんはクラスの友だちと LINE グループをつくって、いつも宿題や次の日の持ち物を確認し合っています。

　ある日、LINE にBさんの悪口がたくさん書かれていました。Bさんもグループの一人なので、トークを見てつらい気持ちになっているはずです。Bさんはおとなしくて優しいのに、どうしてこんなことになったのか不思議です。Aさんは何か書き込もうか、何も書き込まないでおこうか、悩みはじめました。

　（時間が流れます）

次の日、学校でも LINE でも、グループのみんなで仲よくできました。

考えてみよう

❯ ❯ ❯ ❯ ❯ にはどんなことがあったでしょうか。
短い話をつくってみましょう。

A君は困っています。

　A君には仲のいい5人の友だちがいて、いつも休み時間には一緒に遊びます。ところが、先日のテストでA君だけが100点をとってから、友だちの態度が変わりました。休み時間に笑いながら、冗談のふりをして、たたいたり押したりしてきます。相手が笑っているので、A君も無理に笑ってやり返しますが、相手は5人なのでやられてばかりです。
　A君は学校へ行くのが怖くなってきました。

（時間が流れます）

翌日、A君は5人の友だちと楽しく過ごすことができました。

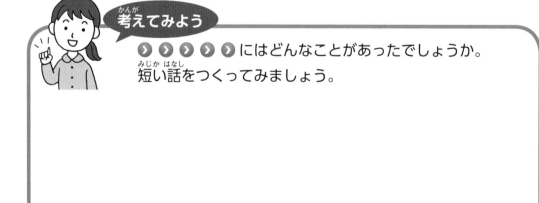

考えてみよう

❯❯❯❯❯ にはどんなことがあったでしょうか。
短い話をつくってみましょう。

Ａさんは困っています。

Ａさん

　朝、Ａさんが登校すると、上靴がありません。担任の先生に一緒に探してもらったら、傘立ての中から見つかりました。教室ではみんなに避けられているようで、結局、誰とも話さずその日は帰りました。

　次の日は、「消えろ」、「うざい」、「バカ」など、机に落書きがたくさん書かれて真っ黒になっていました。泣きながら消しゴムで消しましたが、誰も話しかけてくれません。つらくて、どうしていいかわかりません。

（時間が流れます）

数日後、Ａさんは教室で楽しく過ごせるようになりました。

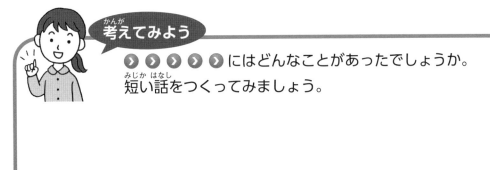

考えてみよう

❯❯❯❯❯ にはどんなことがあったでしょうか。
短い話をつくってみましょう。

A君は困っています。

A君
B君

　A君は中学生になって、大好きなバスケットボールのクラブに入りました。でも、身体が小さくて失敗ばかりのA君は、同級生のB君たちから責められたり馬鹿にされたりしていました。休み時間もB君たちから、机に顔を押しつけられたり脇腹をつつかれたりする毎日です。ひどくなるいじめにがまんできず、担任の先生との交換ノートに「死にたいです」と書きましたが、何も変わりませんでした。A君はもう学校には行けないと思っています。

（時間が流れます）

1カ月後、A君はB君たちと一緒にクラブで張り切って練習をしています。

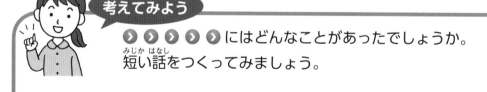

考えてみよう

❯❯❯❯❯にはどんなことがあったでしょうか。
短い話をつくってみましょう。

MEMO

2) 目標を決めよう

▶ ねらい

　実際に起こり得る困った問題を提示して、適切な解決策を選べるよう促します。そして、実際に同様の問題に直面した際にはどんな目標を立てればいいかを考える練習をします。

▶ 進め方

・ワークシートの上段に、どちらにすればいいかを迷うケースを示します。ワークシート下段の表に提示された2つの目標について、4つのマスを埋めてもらいましょう。一方の目標を選ぶことで生じる"いいこと"、"悪いこと"、もう一方の目標を選ぶことで生じる"いいこと"、"悪いこと"を、自分にも当てはめながら考えてもらいます。

・できるだけ制限時間は設けずに取り組んでください。

▶ ポイント

・ある目標を選ぶことで生じる、その本人にとって"いいこと（メリット）"と"悪いこと（デメリット）"があります。ここでは相手の気持ちを考えるだけでは適切な目標が選べない場合を想定して、長い目でみてそれを選ぶことが得か損かを考えさせ、その後は本人に目標を選ばせます。

・不適切な目標を選ぶことで生じる"いいこと"が"悪いこと"よりも強くなってしまうと、その不適切な目標を修正しにくくなりますので、不適切な目標によって生じる"悪いこと"を少しでも多く考えてもらいましょう。

▶ 留意点

　不適切な目標を選んで生じる"いいこと"を考えさせてよいものかと、不安に思われるかもしれません。また本人にとってよい目標は、必ずしも皆にとって適切な目標とは限りません。しかし、大人が適切な目標ばかりを強いて選ばせると、子どもはどうしても反対側（不適切な目標）に目が向き、逆にそちらを強化してしまうことがあります。このトレーニングの目的は、最終的に子ども一人でも適切な目標を選べる力をつけることです。どちらの目標も両天秤にかけて本人に判断させる過程が大切です。

記入例

目標を決めよう ①

A君は迷っています。

　A君はお店でずっと欲しかったゲームを見つけましたが、2000円と高かったので、買うのを迷っています。お店の人は、「あと3日したら割引セールで1000円になるよ。でも、売り切れるかもしれないなあ」と言いました。A君は2000円しか持っていません。今買うと、おこづかいがなくなってしまい、明日友だちと遊びに行けなくなってしまいます。

次の表を埋めてみましょう。

	A君は今買う	A君は3日後まで待つ
いいこと	すぐにゲームで遊べる。	明日、友だちと遊びに行ける。 1000円とくをする。
悪いこと	明日、友だちと遊びに行けない。 1000円そんするかもしれない。	ゲームが売り切れるかもしれない。

A君はどうしたらいいでしょうか？　自分にも当てはめて考えましょう。

目標を決めよう ①

A君は迷っています。

　A君はお店でずっと欲しかったゲームを見つけましたが、2000円と高かったので、買うのを迷っています。お店の人は、「あと3日したら割引セールで1000円になるよ。でも、売り切れるかもしれないなあ」と言いました。A君は2000円しか持っていません。今買うと、おこづかいがなくなってしまい、明日友だちと遊びに行けなくなってしまいます。

次の表を埋めてみましょう。

	A君は今買う	A君は3日後まで待つ
いいこと		
悪いこと		

A君はどうしたらいいでしょうか？　自分にも当てはめて考えましょう。

A君は迷っています。

　今週末、A君は親友のB君の誕生日会に行く約束をしていました。
　ところが今日、ずっと行きたいと思っていたコンサートのチケットがもらえることになりました。でもB君の誕生日会の日と重なっています。
　A君はどちらも行きたいと思っています。

次の表を埋めてみましょう。

	A君はコンサートに行く	A君はB君の誕生日会に行く
いいこと		
悪いこと		

A君はどうしたらいいでしょうか？　自分にも当てはめて考えましょう。

A 君は困っています。

　A 君は今日の昼から遊びに行く予定です。友だちの B 君のお父さんが遊園地に車で連れていってくれるのです。
　出かける時間になって、お母さんから電話がありました。
　その電話で A 君は、午後に大切なお客さんが来るからお母さんの代わりに家にいてと言われていたことを思い出しました。

次の表を埋めてみましょう。

	A 君は遊園地に行く	A 君は家にいる
いいこと		
悪いこと		

A 君はどうしたらいいでしょうか？　自分にも当てはめて考えましょう。

目標を決めよう ④

A君は困っています。

A君　　　B君　　　A君

　おとなしいA君と人気者のB君は、石油について一緒に調べてクラスで発表することになりました。でも、A君は図書館でいっぱい調べたのにB君は何もしませんでした。B君は少し乱暴なところがあって、いじめられたくないので、あまり文句は言えません。A君は自分が調べたことは自分で発表したいと思いましたが、発表の日になって、「先生に怒られるから、一緒にやったことにして、発表もおれがする」とB君が言ってきました。

次の表を埋めてみましょう。

	A君は断って自分で発表する	A君はB君に発表してもらう
いいこと		
悪いこと		

A君はどうしたらいいでしょうか？　自分にも当てはめて考えましょう。

Ａさんは困っています。

Ａさん

　Ａさんは今日、電車に乗って友だちと遊びに行く約束をしています。どうしても妹の赤いワンピースが着たいと思いました。でも、妹も友だちと遊びに行くので、その赤いワンピースを着るというのを聞いていました。
　前に妹が勝手にＡさんの服を着ていってＡさんは困ったことがありました。今、妹はいません。

次の表を埋めてみましょう。

	Ａさんは妹のワンピースを着る	Ａさんは妹のワンピースを着ない
いいこと		
悪いこと		

Ａさんはどうしたらいいでしょうか？　自分にも当てはめて考えましょう。

A君は困っています。

A君　　　　　　　　　　　　　B君

　A君は、文化祭でやる劇の役のことで悩んでいます。

　A君はサンタクロースの役をやりたいのですが、B君も同じ役をやりたいと言っています。サンタクロースでなければ、あとはトナカイの役しか残っていませんでした。

　A君もB君も、それぞれ家族が観にきます。

次の表を埋めてみましょう。

	A君がサンタの役をやる	A君はB君にサンタの役を譲る
いいこと		
悪いこと		

A君はどうしたらいいでしょうか？　自分にも当てはめて考えましょう。

A君は迷っています。

A君

今晩はA君の友だちが3人、家に泊まりにくることになっています。
ところが、お兄さんの友だち3人も、遠くからA君の家の近くまで遊びにきたので家に泊めてほしいと言ってきました。
A君の家は大きくないので、6人も泊めることができません。

次の表を埋めてみましょう。

	A君の友だちを泊める	お兄さんの友だちを泊める
いいこと		
悪いこと		

A君はどうしたらいいでしょうか？　自分にも当てはめて考えましょう。

目標を決めよう ⑧

A君は迷っています。

B君

A君

　みんなで学校のテストを受けています。A君は一生懸命勉強したので、テストはよくできています。ふと顔を上げると、友だちのB君がカンニングをしているのが見えました。

　A君はいつも、カンニングは許せないと思っていました。そこで先生に言うかどうか迷っています。

次の表を埋めてみましょう。

	A君は先生に言う	A君は先生に言わない
いいこと		
悪いこと		

A君はどうしたらいいでしょうか？　自分にも当てはめて考えましょう。

目標を決めよう ❾

Aさんは困っています。

　Aさん、Bさん、Cさん、Dさんの4人は仲よしです。
　ある日、Bさんが、「Cさんが生意気だから無視しよう」とAさんとDさんに言ってきました。Dさんはすぐにうなずきました。Aさんが困っていると、Bさんは「嫌ならCさんの代わりにAさんを無視するよ?」と言ってきました。Aさんはしかたなくうなずきましたが、少し困っています。

次の表を埋めてみましょう。

	Aさんは C さんを無視する	Aさんは C さんを無視しない
いいこと		
悪いこと		

Aさんはどうしたらいいでしょうか?　自分にも当てはめて考えましょう。

Aさんは困っています。

Bさん　Aさん

　Aさんは学校で、あるグループに入れてほしいと思っていました。
　でもリーダーのBさんはAさんに、「グループに入りたければ、店でブレスレットを盗んでこい」と言いました。
　Aさんは友だちがいなくて、いつも一人ぼっちだったので、とてもグループに入りたいと思いました。

次の表を埋めてみましょう。

	Aさんはブレスレットを盗む	Aさんはブレスレットを盗まない
いいこと		
悪いこと		

Aさんはどうしたらいいでしょうか？　自分にも当てはめて考えましょう。

3) あなたならどうする？
──目標が決まっていないケース

・・・▶ **ねらい**

　困ったことに直面した際に自分の力で考えて解決できる問題解決力を養います。ここでは目標（結果）が決まっていないケースについて、まず目標を決め、次に解決策とその解決策で予想される結果を想像して、最適な解決策を考えていきます。

・・・▶ **進め方**

・ワークシートには困った場面を含んだ短い物語とイラストがあります。枠内の設問に沿って、（　　）を埋めてもらいましょう。

・できるだけ制限時間は設けずに取り組んでください。

・・・▶ **ポイント**

・いかに思考を柔軟にして、問題解決のために多くの解決策を出せるかが大切です。ですから、最初から最適な解決策を求めようとするのではなく、思いついた順に解決策を書いてもらいましょう。

・問題の解決策は子どもによってさまざまです。もし非現実的な方法や非道徳的な方法が出てきても、そこは一つの案として挙げてもらい、果たしてそれでうまくいくのかを考えさせましょう。現実的な解決策か、本当にそれでうまく解決するのか、ズルくない方法か、などが解決策を考える目安となります。

・・・▶ **留意点**

・不適切な解決策が出てきても、決してそれらを否定しないことが大切です。不適切な解決策でもあくまで一つの案であり、解決策自体を否定すると自由に発想することを妨げ、思考を固くしてしまう恐れがあります。それをすればどうなるかを考えさせればいいのです。

・このトレーニングで、"困ったことがあったら一人で抱え込まず誰かに相談してみること"や"相手にしてほしいことがあった場合、直接頼む以外にも根回しという方法がある"といったことを知ってもらいましょう。

あなたならどうする？ ❶

A君は困っています。

　学校から帰ってきたA君が、家のドアを開けようとすると鍵がありません。ランドセルの中身を全部出して調べましたが、ありません。「学校に忘れたのかな」と、A君は大急ぎで学校に戻りました。先生も一緒に探してくれましたが、どこにもありませんでした。お父さんやお母さんが帰るのは夜遅くです。

どうなったらいいと思いますか？

（　家に早く入りたい　　　　　　　　　　　　　　　　　　　　　　　　）

そうなるためにはどうやって解決したらいいでしょうか？　どうなるでしょうか？

1. （あきらめる　　　　　　　　　）→（げんかんで3時間待つ　　　　　　）

2. （あいている窓を探す　　　　　）→（あいていないかも　あぶない　　）

3. （お母さんに電話して
　　早く帰ってきてもらう　　　）→（それでも時間がかかる　　　　　）

4. （お兄さんの学校に行って
　　かぎを借りる　　　　　　　）→（近くだから何とかなるかも　　　）

5. （ずっと学校で待たせてもらう）→（先生にめいわくがかかるかも　　）

あなたなら、どの方法を選びますか？　選んだ理由は？

（　4　お兄さんならすぐに会えて、かぎを借りられるから　　　　　　　　）

あなたならどうする？ ①

A君は困っています。

　学校から帰ってきたA君が、家のドアを開けようとすると鍵がありません。ランドセルの中身を全部出して調べましたが、ありません。「学校に忘れたのかな」と、A君は大急ぎで学校に戻りました。先生も一緒に探してくれましたが、どこにもありませんでした。お父さんやお母さんが帰るのは夜遅くです。

どうなったらいいと思いますか？
(　　　　　　　　　　　　　　　　　　　　　　　　　　　　　　　　　　　　　　)

そうなるためにはどうやって解決したらいいでしょうか？　どうなるでしょうか？

1. (　　　　　　　　　　　) → (　　　　　　　　　　　)
2. (　　　　　　　　　　　) → (　　　　　　　　　　　)
3. (　　　　　　　　　　　) → (　　　　　　　　　　　)
4. (　　　　　　　　　　　) → (　　　　　　　　　　　)
5. (　　　　　　　　　　　) → (　　　　　　　　　　　)

あなたなら、どの方法を選びますか？　選んだ理由は？
(　　　　　　　　　　　　　　　　　　　　　　　　　　　　　　　　　　　　　　)

Ａ君は困っています。

　ある日Ａ君が学校に着き、いつものようにランドセルを開けると、教科書もノートも宿題も全部びしょぬれです。一緒に入れていた水筒のふたがきちんと閉まっていなかったようです。宿題も出せないし、教科書やノートは茶色に染まって、ページもめくれないほどぬれています。

　Ａ君は、どうしたらいいのかわからず、立ちつくしています。

どうなったらいいと思いますか？

(　　　　　　　　　　　　　　　　　　　　　　　　　　　　　　)

そうなるためにはどうやって解決したらいいでしょうか？　どうなるでしょうか？

1. (　　　　　　　　　　　　　) → (　　　　　　　　　　　　　)

2. (　　　　　　　　　　　　　) → (　　　　　　　　　　　　　)

3. (　　　　　　　　　　　　　) → (　　　　　　　　　　　　　)

4. (　　　　　　　　　　　　　) → (　　　　　　　　　　　　　)

5. (　　　　　　　　　　　　　) → (　　　　　　　　　　　　　)

あなたなら、どの方法を選びますか？　選んだ理由は？

(　　　　　　　　　　　　　　　　　　　　　　　　　　　　　　)

あなたならどうする？ ❸

A君は困っています。

A君　　　　　　　　　　　　　　　　　B君

　A君の同級生のB君は頭もよく、運動もよくでき、友だちからも人気があります。1学期は学級委員長にも選ばれました。
　あるときA君は、B君が駄菓子屋にいるのを見つけました。声をかけよう近づいていくと、B君はお菓子を万引きしてサッと店から出ていきました。

どうなったらいいと思いますか？
(　　　　　　　　　　　　　　　　　　　　　　　　　　　　　　　　　　　)

そうなるためにはどうやって解決したらいいでしょうか？　どうなるでしょうか？

1. (　　　　　　　　　　　) → (　　　　　　　　　　　)
2. (　　　　　　　　　　　) → (　　　　　　　　　　　)
3. (　　　　　　　　　　　) → (　　　　　　　　　　　)
4. (　　　　　　　　　　　) → (　　　　　　　　　　　)
5. (　　　　　　　　　　　) → (　　　　　　　　　　　)

あなたなら、どの方法を選びますか？　選んだ理由は？
(　　　　　　　　　　　　　　　　　　　　　　　　　　　　　　　　　　　)

A君は困っています。

A君　B君

　学校の授業中、隣の席のB君がA君の筆箱から勝手に消しゴムを取り出して、使いはじめました。A君の消しゴムは新品で、A君は自分が最初に使いたいと思っていたので、嫌な気持ちになりました。
　また、B君がA君の消しゴムに手を伸ばしました。

どうなったらいいと思いますか？
(　　　　　　　　　　　　　　　　　　　　　　　　　　　　　　　　　　　)

そうなるためにはどうやって解決したらいいでしょうか？　どうなるでしょうか？

1. (　　　　　　　　　　　　) → (　　　　　　　　　　　　　)

2. (　　　　　　　　　　　　) → (　　　　　　　　　　　　　)

3. (　　　　　　　　　　　　) → (　　　　　　　　　　　　　)

4. (　　　　　　　　　　　　) → (　　　　　　　　　　　　　)

5. (　　　　　　　　　　　　) → (　　　　　　　　　　　　　)

あなたなら、どの方法を選びますか？　選んだ理由は？
(　　　　　　　　　　　　　　　　　　　　　　　　　　　　　　　　　　　)

あなたならどうする？ ❺

A君は困っています。

C君　　　A君

　A君は作文を書くために必要だった本を、図書館で見つけました。借りようとしたとき、友だちのB君が話しかけてきたので、しばらくB君とおしゃべりをしていました。

　B君との話が終わって本棚を見ると、借りたかった本がありません。周りを探してみると、C君がその本を持って借りようとしています。A君はC君とはあまり仲よくありません。

どうなったらいいと思いますか？

(　　　　　　　　　　　　　　　　　　　　　　　　　　　　　　　　　　)

そうなるためにはどうやって解決したらいいでしょうか？　どうなるでしょうか？

1. (　　　　　　　　　　　　) → (　　　　　　　　　　　　　　)

2. (　　　　　　　　　　　　) → (　　　　　　　　　　　　　　)

3. (　　　　　　　　　　　　) → (　　　　　　　　　　　　　　)

4. (　　　　　　　　　　　　) → (　　　　　　　　　　　　　　)

5. (　　　　　　　　　　　　) → (　　　　　　　　　　　　　　)

あなたなら、どの方法を選びますか？　選んだ理由は？

(　　　　　　　　　　　　　　　　　　　　　　　　　　　　　　　　　　)

A君は怒っています。

B君

A君

　A君は新しく買った漫画を、B君に貸してあげました。
　1週間経っても返してくれないので、B君に返してほしいと言うと、翌日持ってきてくれました。でもA君がその漫画を見てみると、中のページが破れていました。B君に言っても、「知らない」と答えます。

どうなったらいいと思いますか？

(　　　　　　　　　　　　　　　　　　　　　　　　　　　　　　)

そうなるためにはどうやって解決したらいいでしょうか？　どうなるでしょうか？

1. (　　　　　　　　　　　　) → (　　　　　　　　　　　　)

2. (　　　　　　　　　　　　) → (　　　　　　　　　　　　)

3. (　　　　　　　　　　　　) → (　　　　　　　　　　　　)

4. (　　　　　　　　　　　　) → (　　　　　　　　　　　　)

5. (　　　　　　　　　　　　) → (　　　　　　　　　　　　)

あなたなら、どの方法を選びますか？　選んだ理由は？

(　　　　　　　　　　　　　　　　　　　　　　　　　　　　　　)

あなたならどうする？

A君は困っています。

A君　　　　　　　　　　Bさん

　A君は朝、急いで家を出たので、筆箱を忘れてしまいました。そこで隣の席のBさんに、鉛筆を貸してと頼みました。
　Bさんは、「前、鉛筆の芯を折ったから貸したくない」と言いました。

どうなったらいいと思いますか？

(　　　　　　　　　　　　　　　　　　　　　　　　　　　　　　　　　)

そうなるためにはどうやって解決したらいいでしょうか？　どうなるでしょうか？

1. (　　　　　　　　　　　　) → (　　　　　　　　　　　　　　　)

2. (　　　　　　　　　　　　) → (　　　　　　　　　　　　　　　)

3. (　　　　　　　　　　　　) → (　　　　　　　　　　　　　　　)

4. (　　　　　　　　　　　　) → (　　　　　　　　　　　　　　　)

5. (　　　　　　　　　　　　) → (　　　　　　　　　　　　　　　)

あなたなら、どの方法を選びますか？　選んだ理由は？

(　　　　　　　　　　　　　　　　　　　　　　　　　　　　　　　　　)

あなたならどうする？ ❽

A君は悲しそうです。

C君　B君

A君

　A君の一番の仲よしはB君です。毎日のように一緒に遊んでいます。

　ある日、C君が違う学校から転校してきました。B君は、C君とも仲よくなりました。

　今日、A君は「遊ぼう」とB君を誘いましたが、B君はC君と遊ぶから時間がないと言ってきました。

どうなったらいいと思いますか？

(　　　　　　　　　　　　　　　　　　　　　　　　　　　　　　　　　　)

そうなるためにはどうやって解決したらいいでしょうか？　どうなるでしょうか？

1. (　　　　　　　　　　　　) → (　　　　　　　　　　　　　　)

2. (　　　　　　　　　　　　) → (　　　　　　　　　　　　　　)

3. (　　　　　　　　　　　　) → (　　　　　　　　　　　　　　)

4. (　　　　　　　　　　　　) → (　　　　　　　　　　　　　　)

5. (　　　　　　　　　　　　) → (　　　　　　　　　　　　　　)

あなたなら、どの方法を選びますか？　選んだ理由は？

(　　　　　　　　　　　　　　　　　　　　　　　　　　　　　　　　　　)

あなたならどうする？ ❾

Aさんは悲しそうです。

Bさん　Cさん　　　　　Aさん

　Aさんは、Bさんと一緒に、Aさんの家で遊ぶ約束をしました。
　Aさんは家でBさんが来るのを待っていましたが、約束の時間を過ぎてもなかなか来ません。そこでAさんは、Bさんの家に電話をしました。
　するとBさんのお母さんが出て、「BはCさんと遊ぶと言って出かけた」と言いました。

どうなったらいいと思いますか？
(　　　　　　　　　　　　　　　　　　　　　　　　　　　　　　　　　)

そうなるためにはどうやって解決したらいいでしょうか？　どうなるでしょうか？

1. (　　　　　　　　　　　　) → (　　　　　　　　　　　　　　)
2. (　　　　　　　　　　　　) → (　　　　　　　　　　　　　　)
3. (　　　　　　　　　　　　) → (　　　　　　　　　　　　　　)
4. (　　　　　　　　　　　　) → (　　　　　　　　　　　　　　)
5. (　　　　　　　　　　　　) → (　　　　　　　　　　　　　　)

あなたなら、どの方法を選びますか？　選んだ理由は？
(　　　　　　　　　　　　　　　　　　　　　　　　　　　　　　　　　)

あなたは困っています。

Aさん　あなた　Bさん

　今週の土曜日はあなたの誕生日会をする日です。仲よしのAさん、Bさんも誘っています。でもAさんが、「Bさんが来るなら行かない」と言いました。聞いてみると、Bさんとけんかをしたようです。

　あなたはBさんにも聞いてみました。するとBさんも、「Aさんが来るなら行かない」と言いました。

　あなたはAさん、Bさんの2人とも誕生日会に来てほしいと思っています。

どうなったらいいと思いますか？

(　　　　　　　　　　　　　　　　　　　　　　　　　　　　　　　　)

そうなるためにはどうやって解決したらいいでしょうか？　どうなるでしょうか？

1. (　　　　　　　　　　) → (　　　　　　　　　　)

2. (　　　　　　　　　　) → (　　　　　　　　　　)

3. (　　　　　　　　　　) → (　　　　　　　　　　)

4. (　　　　　　　　　　) → (　　　　　　　　　　)

5. (　　　　　　　　　　) → (　　　　　　　　　　)

あなたなら、どの方法を選びますか？　選んだ理由は？

(　　　　　　　　　　　　　　　　　　　　　　　　　　　　　　　　)

A君は悲しそうです。

　A君は転校生です。まだ学校に慣れていなくて、仲のいい友だちもできていません。

　ある日、背中に「バカ」と貼り紙をされていることに気がつきました。

どうなったらいいと思いますか？

(　　　　　　　　　　　　　　　　　　　　　　　　　　　　　　　　　)

そうなるためにはどうやって解決したらいいでしょうか？　どうなるでしょうか？

1. (　　　　　　　　　　　　　) → (　　　　　　　　　　　　　)

2. (　　　　　　　　　　　　　) → (　　　　　　　　　　　　　)

3. (　　　　　　　　　　　　　) → (　　　　　　　　　　　　　)

4. (　　　　　　　　　　　　　) → (　　　　　　　　　　　　　)

5. (　　　　　　　　　　　　　) → (　　　　　　　　　　　　　)

あなたなら、どの方法を選びますか？　選んだ理由は？

(　　　　　　　　　　　　　　　　　　　　　　　　　　　　　　　　　)

Ａさんは悲しそうです。

もう遊ばない

Ｂさん

Ａさん

　Ａさんは転校生です。まだ友だちができていなかったのですが、放課後、Ｂさんに「みんなで遊ぶから来ない？」と誘われました。Ａさんは喜んで遊びに行きました。

　帰りにＢさんから手紙をもらいました。帰ってからＡさんが手紙を見てみると、"みんなで話し合ったけど、やっぱりＡさんとは遊ばないことになった。私は、本当はＡさんと遊びたいんだけど。ごめんね"と書いてありました。

どうなったらいいと思いますか？

(　　　　　　　　　　　　　　　　　　　　　　　　　　　　　　　　　)

そうなるためにはどうやって解決したらいいでしょうか？　どうなるでしょうか？

1. (　　　　　　　　　　　) → (　　　　　　　　　　　)

2. (　　　　　　　　　　　) → (　　　　　　　　　　　)

3. (　　　　　　　　　　　) → (　　　　　　　　　　　)

4. (　　　　　　　　　　　) → (　　　　　　　　　　　)

5. (　　　　　　　　　　　) → (　　　　　　　　　　　)

あなたなら、どの方法を選びますか？　選んだ理由は？

(　　　　　　　　　　　　　　　　　　　　　　　　　　　　　　　　　)

あなたならどうする？ ⑬

A さんは困っています。

Aさん

　A さんはいつもオンラインゲームをしています。ゲームで知り合ったお姉さんがとても優しくて、困ったことや悩みごとを相談すると親切に答えてくれるので、家族よりも信頼するようになりました。

　ある日、そのお姉さんから「会いたいね」とメッセージをもらい、次の日曜日に会うことになりました。日曜日、待ち合わせ場所には男の人が立っていて、「お姉さんは別の場所で待っているから一緒に行こう」と言いました。

どうなったらいいと思いますか？

(　　　　　　　　　　　　　　　　　　　　　　　　　　　　　　　　　　　)

そうなるためにはどうやって解決したらいいでしょうか？　どうなるでしょうか？

1. (　　　　　　　　　　　　) → (　　　　　　　　　　　　　　)

2. (　　　　　　　　　　　　) → (　　　　　　　　　　　　　　)

3. (　　　　　　　　　　　　) → (　　　　　　　　　　　　　　)

4. (　　　　　　　　　　　　) → (　　　　　　　　　　　　　　)

5. (　　　　　　　　　　　　) → (　　　　　　　　　　　　　　)

あなたなら、どの方法を選びますか？　選んだ理由は？

(　　　　　　　　　　　　　　　　　　　　　　　　　　　　　　　　　　　)

Ａさんは困っています。

Ａさん　　　　　　　　　　　　Ｂ君　　　Ｃさん　　　　　　　　　　Ａさん

　Ａさんは、給食当番です。おぼんにのせた給食をＢ君の机に置こうとすると、「おまえが置くな！」と置かせてくれません。Ｃさんも嫌そうな顔をしています。給食を食べはじめると、Ａさんの机からみんな机を離しています。帰りの会でプリントを配るときも、Ａさんが後ろの子に渡そうとすると、後ろの子はつまむように受け取ります。みんなから汚いもののように扱われて、Ａさんは悲しくなりました。

どうなったらいいと思いますか？

(　　　　　　　　　　　　　　　　　　　　　　　　　　　　　　　　)

そうなるためにはどうやって解決したらいいでしょうか？　どうなるでしょうか？

1. (　　　　　　　　　　　　) → (　　　　　　　　　　　　　)
2. (　　　　　　　　　　　　) → (　　　　　　　　　　　　　)
3. (　　　　　　　　　　　　) → (　　　　　　　　　　　　　)
4. (　　　　　　　　　　　　) → (　　　　　　　　　　　　　)
5. (　　　　　　　　　　　　) → (　　　　　　　　　　　　　)

あなたなら、どの方法を選びますか？　選んだ理由は？

(　　　　　　　　　　　　　　　　　　　　　　　　　　　　　　　　)

あなたは困っています。

A君 あなた あなた

　A君はいつも、クラスの子から「きもい」、「くさい」、「ばい菌」などと意地悪なことを言われていました。あまりにひどいので、先日あなたはその子たちを注意しました。すると、攻撃はあなたに向けられるようになりました。言葉だけでなく、わざとぶつかってきたり、後ろから押されたり、だんだんと暴力がひどくなりました。今日は、休み時間に突然ズボンを下ろされました。周りからは笑い声が聞こえます。すごくつらくて、涙が出そうになりました。

どうなったらいいと思いますか？
(　　　　　　　　　　　　　　　　　　　　　　　　　　　　　　　　　　　)

そうなるためにはどうやって解決したらいいでしょうか？　どうなるでしょうか？

1. (　　　　　　　　　　　　) → (　　　　　　　　　　　　　)
2. (　　　　　　　　　　　　) → (　　　　　　　　　　　　　)
3. (　　　　　　　　　　　　) → (　　　　　　　　　　　　　)
4. (　　　　　　　　　　　　) → (　　　　　　　　　　　　　)
5. (　　　　　　　　　　　　) → (　　　　　　　　　　　　　)

あなたなら、どの方法を選びますか？　選んだ理由は？
(　　　　　　　　　　　　　　　　　　　　　　　　　　　　　　　　　　　)

MEMO

著者略歴

・**宮口幸治**（みやぐち　こうじ）

立命館大学産業社会学部・大学院人間科学研究科教授．京都大学工学部卒業，建設コンサルタント会社勤務の後，神戸大学医学部医学科卒業．神戸大学医学部附属病院精神神経科，大阪府立精神医療センターなどに勤務の後，法務省宮川医療少年院，交野女子学院医務課長を経て，2016 年より現職．医学博士，子どものこころ専門医，日本精神神経学会専門医，臨床心理士，公認心理師．児童精神科医として，困っている子どもたちの支援を教育・医療・心理・福祉の観点で行う「日本 COG-TR 学会」を主宰し，全国で教員向けに研修を行っている．

主な著書に『不器用な子どもたちへの認知作業トレーニング』『コグトレ―みる・きく・想像するための認知機能強化トレーニング』『やさしいコグトレ―認知機能強化トレーニング』『もっとやさしいコグトレ―思考力や社会性の基礎を養う認知機能強化トレーニング』『社会面のコグトレ―認知ソーシャルトレーニング』（以上，三輪書店），『1 日 5 分！教室で使えるコグトレ　困っている子どもを支援する認知トレーニング 122』『1 日 5 分　教室で使える漢字コグトレ（小学 1～6 年生）』『学校でできる！性の問題行動へのケア』（以上，東洋館出版社），『不器用な子どもが幸せになる育て方』（かんき出版），『境界知能とグレーゾーンの子どもたち』（扶桑社），『医者が考案したコグトレ・パズル』（SB クリエイティブ），『ケーキの切れない非行少年たち』『どうしても頑張れない人たち』（以上，新潮社）などがある．

・**石附智奈美**（いしづき　ちなみ）

広島大学大学院医系科学研究科作業行動探索科学領域講師．専門作業療法士（特別支援教育），博士（保健医療学），日本発達系作業療法学会副会長，日本 COG-TR 学会理事，日本インクルーシブ教育研究会理事．専門分野は発達障害の作業療法．特に発達障害児の保護者支援を行っている．

著書に『パーキンソン病はこうすれば変わる！一日常生活の工夫とパーキンソンダンスで生活機能を改善』『不器用な子どもたちへの認知作業トレーニング』（以上，三輪書店），『イラストでわかる発達障害の作業療法』（医歯薬出版）などがある．

・**井阪幸恵**（いさか　ゆきえ）

小学校指導教諭，日本 COG-TR 学会理事，大阪コグトレ研究会代表，特別支援教育士スーパーバイザー，ビジョントレーニングインストラクターアドバンス．著書に『自分でできるコグトレ⑤対人マナーを身につけるためのワークブック―学校では教えてくれない　困っている子どもを支える認知ソーシャルトレーニング』（明石書店），『コグトレ実践集』（三輪書店）などがある．

しゃかいめん
社会面のコグトレ
にんち
認知ソーシャルトレーニング②
たいじん　　　　　　　　　　　だんかいしきもんだいかいけつ　　　　　　　　　　へん
対人マナートレーニング/段階式問題解決トレーニング編

発　行　2020 年 6 月 30 日　第 1 版第 1 刷
　　　　2021 年 9 月 21 日　第 1 版第 2 刷Ⓒ

　　　　　　みやぐちこうじ　　いしづきちなみ　　いさかゆきえ
著　者　宮口幸治・石附智奈美・井阪幸恵

発行者　青山　智

発行所　株式会社 三輪書店

　　　　〒 113-0033 東京都文京区本郷 6-17-9　本郷綱ビル

　　　　TEL 03-3816-7796　FAX 03-3816-7756

　　　　https://www.miwapubl.com

本文イラスト　高橋なおみ

表紙デザイン　早瀬衣里子

印刷所　三報社印刷 株式会社